Bienvenue à Naples

Arriver à Naples 3
Les immanquables 4
Nos coups de cœur 6
Naples en 3 jours 8

Scooter devant le Castel dell'Ovo.
M. Carassale/Sime/Photononstop

Arriver à Naples

EN AVION

Aéroport de Capodichino

À 8 km du centre, au nord de la ville - ✆ 081 751 54 71 (24h/24) - www.aeroportodinapoli.it. Office de tourisme (tlj 9h-19h) dans le hall des arrivées : informations utiles, plan gratuit de la ville et du réseau de transports en commun.

Liaison centre-ville

L'**Alibus** dessert le centre-ville (30-35mn de trajet) de 6h30 à 23h40 toutes les 20mn (3 €, 4 € à bord; valable 90mn sur l'ensemble du réseau), avec arrêt piazza Garibaldi (Stazione Centrale) ***H2*** et terminus au bas du Castel Nuovo ***E6***.

En **taxi**, compter 20 €. Prise en charge ou trajet aéroport facturé 3 à 4 € + 0,50 €/bagage. Veiller à ce que les tarifs soient affichés dans le véhicule et prévoir de la marge en raison d'embouteillages fréquents.

EN TRAIN

Stazione Centrale – ***H2*** Piazza Garibaldi, 69 - ✆ 89 20 21 (24h/24) - www.trenitalia.it. De la gare, située dans la partie est de la ville, le bus R2 (5h20-23h30 ou 24h; ttes les 10mn) emprunte le corso Umberto ***FG2-3-4*** et atteint la piazza Trieste e Trento ***D6*** via la piazza Municipio ***E5***, au cœur du centre historique. L'Alibus rejoint plus rapidement le centre.

EN BUS

Stazione Autolinee – ***H2*** Piazza Garibaldi, 80 - ✆ 081 56 34 521. Les autocars de la compagnie Eurolines arrivent à la gare routière située juste à côté de la gare ferroviaire.

Un plan des transports en commun figure au dos du plan détachable.

Forfaits visite

***Campania Artecard Napoli** (21 €, 12 € pour les 18-25 ans, valable 3 j.) – Accès gratuit à 3 curiosités de Naples au choix + jusqu'à 50 % de réduction à partir du 4e musée ou monument.*

***Campania Artecard Tutta la regione** (32 €, 25 € pour les 18-25 ans ; valable 3 j.) – Accès gratuit à 2 sites au choix de Naples et de sa région (2 € pour Pompéi) + jusqu'à 50 % de réduction ensuite.*

Ces deux cartes incluent aussi l'utilisation à volonté des transports en commun. Attention, la Campania Artecard Tutta la regione, valable 7 j. (5 sites gratuits au choix, puis 50 % de réduction), n'offre pas ce dernier avantage.

Rens. : ✆ 800 600 601 - www.unicocampania.it. En vente dans les offices du tourisme, les grands monuments et sites ou musées.

Verrière et statue extérieure de la Galerie Umberto.

G. Giulio/hemis.fr

Les immanquables

notre sélection des plus beaux sites

Catacombe di San Gennaro★★ p. 35

Certosa e Museo di San Martino★★
Plan CD4 - p. 32

Museo Archeologico Nazionale★★★
Plan E1-2 - p. 36

Le Vésuve★★★
p. 44

Pompéi★★★
p. 53

Capri★★★
p. 57

Ravello★★★
p. 67

Chiostro di Santa Chiara★★
Plan E3 - p. 15

Castel Nuovo★★
Plan E5-6 - p. 29

Napoli Sotterranea★★
p. 22

Nos coups de cœur

Découvrir le cloître de Santa Chiara : un chatoyant ensemble de majoliques à dominante bleu et jaune recouvre les arcades, les colonnes et les bancs de scènes d'une inventivité inépuisable. *Voir p. 14.*

S'émerveiller devant le spectaculaire ensemble de sculptures de la Renaissance, les fresques du 15e s. et le sol en majolique bleue de **San Giovanni a Carbonara.** L'une des plus attachantes églises de Naples se cache dans un quartier populaire, en lisière de Spaccanapoli. *Voir p. 20.*

E. Algarra/age fotostock

Dans les quartieri Spagnoli.

Remonter dans le temps au complesso monumentale Donnaregina. D'église en église, un cheminement qui fait aller d'un 17e s. triomphal et sûr de lui à un 14e s. inquiet de sa destinée, à l'image du grand Jugement dernier ornant le chœur des moniales de Santa Maria Donnaregina Vecchia. *Voir p. 21.*

Déambuler dans les quartieri Spagnoli. L'archétype de Naples, avec ses rues étroites, bordées de hauts immeubles bariolés de linge, un lieu grouillant de vie et agité de clameurs. L'obscurité et une certaine pauvreté ambiante lui ont donné une réputation sulfureuse qui n'a pas (ou plus) vraiment lieu d'être. *Voir p. 25.*

Se laisser surprendre par la cappella Sansevero. Une chapelle ornée de sculptures « hyperréalistes » avant la lettre et de deux effrayantes « machines anatomiques », également du 18e s. *Voir p. 18.*

Se promener dans le parc de Caserta, le « Versailles napolitain » des Bourbons, un axe ponctué de plans d'eau et de fontaines peuplées d'innombrables statues s'achève au pied d'une cascade vertigineuse. Juste à côté, un jardin anglais apporte une note bienvenue de poésie et de fantaisie. *Voir p. 42.*

F. Chmura/Prisma/age fotostock

Procida et sa Marina Grande.

S'il ne fallait retenir qu'un seul endroit pour **prendre l'apéro**, ce serait la **piazza Bellini**, près de ruines grecques, au cœur de la branchitude napolitaine. *Voir p. 24.*

Admirer la baie de Naples depuis Mergellina ou le Castel Sant'Elmo qui se donne ici tout entière, avec, au loin, la silhouette du Vésuve. En embarquant au port de Mergellina, le spectacle est beau à en pleurer! *Voir p. 30 et 32.*

Goûter à la *dolce vita* à Procida, à moins d'une heure de Naples : une petite île sur laquelle le temps ne semble pas avoir de prise et un lieu aussi propice que Capri – et bien moins galvaudé – à une escapade amoureuse. *Voir p. 62.*

Tomber sous le charme de Positano. Avec ses barques posées sur la plage, ses maisons colorées grimpant à l'assaut de la colline et ses terrasses couvertes d'une végétation exubérante, l'ancien village de pêcheurs est la station la plus glamour de la côte amalfitaine. *Voir p. 64.*

Se régaler de pizzas. Même les plus basiques d'entre elles, pour peu qu'elles soient dégustées dans une pizzeria labellisée *vera pizza napoletana*, gage d'excellence, laissent un souvenir ému. *Voir p. 126.*

Naples en 3 jours

JOUR 1

Matin

Pour prendre la mesure de la diversité de Naples, descendez la via Toledo depuis la piazza Dante *(p. 24)*. Sur la droite, se découvrent les **quartieri Spagnoli** *(p. 25)*, une Naples typique et enfiévrée par l'animation du marché de la via Pignasecca. Changement complet de visage à l'approche de la **Galleria Umberto I**★ *(p. 26)* et en arrivant **piazza del Plebiscito**★ *(p. 28)*.

Midi

Déjeunez dans une trattoria proche, à moins que vous ayez succombé aux innombrables tentations pâtissières et glacières de la via Toledo.

Avant le départ, vérifiez s'il reste des places au Teatro San Carlo★★ (p. 26), qui sait... À votre arrivée à l'aéroport ou à la Stazione Centrale, pensez à acheter la Campania Arte Card (p. 3), valable 3 jours.

Plus de temps... aux alentours

En bénéficiant d'un seul jour de plus, le choix sera cruel : Pompéi★★★ (p. 53) ou Capri★★★ (p. 57) ? Si vous disposez de plus de temps, louez une voiture à la gare ferroviaire pour une journée ou deux, et allez visiter la côte amalfitaine en passant une nuit dans l'une des perles du littoral : Positano★★ (p. 64), Amalfi★★ (p. 66) ou Ravello★★★ (p. 67).

Après-midi

Visite de **Castel Nuovo**★★ *(p. 29)*. Cap ensuite vers le sud et la mer, en direction de **Porto di Santa Lucia**★★ *(p. 30)*, avant d'entamer une promenade oxygénante le long de la via Partenope, rendue aux piétons. En chemin, découverte du **Castel dell'Ovo** *(p. 30)*.

Soir

Apéritif dans l'un des cafés les plus élégants de Naples, **La Caffettiera** ou **Gambrinus** *(p. 79)*, puis dîner dans un restaurant de Chiaia. En deuxième partie de soirée, verre et décibels dans l'un des bars ou clubs de la **via Ferrigni** *(p. 86)*.

JOUR 2

Matin

Spaccanapoli, avec visite de quelques-unes de ses innombrables églises : **Santa Chiara**★ et son **cloître**★★ *(p. 14)*, la **Cappella Sansevero**★ *(p. 18)*, **San Giovanni a Carbonara**★ *(p. 20)* et le **Complesso monumentale Donnaregina**★ *(p. 21)*. Passage obligé via **San Gregorio Armeno** *(p. 18)*, la « rue des santons».

Midi

Pause-déjeuner bien méritée via San Biagio dei Librai, dans l'une des échoppes proposant une excellente *street-food* pour une poignée d'euros.

Après-midi

Suite et fin de l'inventaire des plus belles églises napolitaines avec le

Duomo★ *(p. 21)* et **San Lorenzo Maggiore★** *(p. 22)*, puis découverte de **Napoli Sotterranea★★** *(p. 22)*, pour une immersion aux origines grecques et romaines de la ville.

Soir
Après l'apéritif sur la très festive et animée **piazza Bellini** *(p. 24)*, dégustation d'une authentique pizza napolitaine à Spaccanapoli.

JOUR 3

Matin
Le funiculaire de Montesanto vous conduira tout près du **Castel Sant'Elmo** *(p. 32)* et de la Chartreuse de **San Martino★★** *(p. 32)*, en balcon sur la ville.

Midi
Déjeuner au **Vomero★** *(p. 32)* ou pique-nique improvisé dans les jardins de la **Villa Floridiana★** *(p. 34)*.

Après-midi
La visite du **Museo Archeologico Nazionale★★★** *(p. 36)* vous consolera de ne pas être allé à Pompéi. Ralliez en bus les **catacombes de San Gennaro★★** *(p. 35)*, avant de redescendre à pied vers le centre, en traversant le quartier populaire de **Rione Sanità★** *(p. 35)*.

Soir
Allez en taxi à **Mergellina★** *(p. 30)*, une vue sublime sur le golfe et un lieu idéal pour un dîner d'adieu à Naples !

T. & B. Morandi /hemis.fr

Église San Francesco di Paola sur la place del Plebiscito dans le centre historique de Naples.

Visiter Naples

Naples aujourd'hui 12

Spaccanapoli★★★ (le centre historique) 14

Le centre monumental★★ 25

Chiaia et le Lungomare★ 30

Le Vomero★ 32

Rione Sanità★ 35

Les grands musées★★★ 36

Reggia di Caserta★★ 41

Le golfe de Naples★★★ 43

Herculanum★★ 50

Pompéi★★★ 53

Les îles du golfe★★★ 57

- *Capri★★★* 57
- *Ischia★★* 60
- *Procida★* 62

La côte amalfitaine★★★ 64

Naples, le port de Mergellina et le Vésuve au fond.
J. Fuste Raga/Flirt/Photononstop

Naples aujourd'hui

Chef-lieu de la Campanie, capitale de l'Italie du Sud, Naples est la troisième ville d'Italie après Rome et Milan. La ville et sa banlieue s'étendent sur 20 km, de Pozzuoli à Portici, au bord d'une baie que domine la silhouette du Vésuve. Un million de personnes y vivent, plus de 3 millions dans l'agglomération.

Il faut voir Naples, dit-on parfois, avant de mourir. Peu de villes engendrent autant d'images contradictoires. Certaines semblent des clichés, alors qu'il s'agit pourtant de vraies réalités : le linge bariolant les rues sombres et étroites, les habitants s'apostrophant d'une fenêtre à l'autre, les scooters frôlant les passants, la passion du foot, les meilleures pizzas d'Italie, l'ambiance débordante de vitalité des fins d'après-midi... Et puis il faut compter aussi avec le cortège de fantasmes associés aux noms de Pompéi, d'Herculanum, de Capri, de Sorrento et de sa presqu'île, ou de la côte amalfitaine... Certaines images sont à ranger du côté des souvenirs, ou du moins à tempérer : les complaintes des chanteurs de charme, une dévotion proche de la superstition, et les problèmes d'insécurité, très surestimés. D'autres enfin, pourquoi le nier, font partie de la réalité napolitaine : le bruit, la pollution, le marché noir, la corruption, l'insalubrité, la malpropreté parfois. Le chômage et la crise que traverse aujourd'hui l'Italie rendent la misère plus voyante. Le fossé séparant les environs de la gare du quartier huppé de Chiaia, avec ses boutiques d'un luxe insolent, prend des allures d'abysses.

Le centre historique de la cité de Parthénope, la sirène légendaire, classé par l'Unesco, est l'un des plus vastes d'Europe. « À Naples, chacun vit dans l'ivresse de l'oubli de soi », écrivait Goethe. Pour sentir vibrer la ville, il faut s'abandonner, se laisser emporter par son flux vital. Partout affleurent les témoignages d'une histoire commencée il y a près de trois millénaires. Ici un fragment de mur grec rappelle les origines de la cité, là des vestiges romains et des catacombes renvoient à l'aube du christianisme, tandis que se dressent, défendant l'entrée du port, des châteaux dont l'origine remonte au Moyen Âge. Vestiges antiques, fresques médiévales et sculptures Renaissance, palais baroques ou néoclassiques, églises décorées par les meilleurs artistes d'Italie : le patrimoine artistique de Naples est touffu, insaisissable, inépuisable.

Il paraît même incapable de se figer, un peu à l'exemple d'une ville, profondément baroque, en perpétuel mouvement. L'art contemporain a longtemps fait figure de parent pauvre dans ce paysage urbain touffu. Plus pour longtemps : l'achèvement, fin 2015, de la station de métro Duomo va donner un sérieux coup de jeune au cœur de Naples.

Verrière de la Galerie Umberto I.

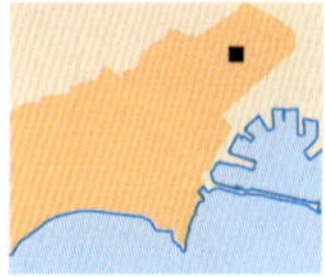

Spaccanapoli★★★

Le centre historique

Naples ne sera jamais une ville-musée ! Et c'est ici, dans ce dédale de ruelles obscures, que se trouve son âme véritable. Partout l'histoire a superposé ses strates. Ici, un mur romain sert de fondation à un édifice ; là, une colonne grecque perce sous le tuf, un nœud de fils électriques envahit une corniche baroque... En dehors de ses très nombreuses églises, Spaccanapoli compte une kyrielle de palazzi dissimulant de belles cours intérieures. N'hésitez pas à pousser leurs lourdes portes : à Naples, la curiosité n'est pas un vilain défaut !

▶**Accès :** M°Dante/Museo/Cavour.

Plan de quartier p. 16. Plan détachable EG1-4.

▶**Conseils :** Comptez 1 j. de visite à pied. Commencez tôt le matin et ménagez-vous des pauses sur les places. À Spaccanapoli se trouvent quelques-unes des meilleures *pizzerie* de la ville et de nombreux snacks. *« Nos adresses » p. 71.*

SANT' ANNA DEI LOMBARDI (SANTA MARIA DI MONTEOLIVETO)★

E4 *Piazza Monteoliveto, 44 - ✆ 081 55 11 33 33 - lun.-vend. 9h-13h, 16h-18h, sam.-dim. 9h-13h.*
Appartenant au vaste et riche monastère de Monteoliveto, l'édifice à la façade de style Renaissance abrite un nombre considérable d'œuvres d'art : **sculptures★** florentines du 15e s., dont le tombeau de Marie d'Aragon *(1re chapelle à gauche)*, œuvre d'Antonio Rossellino, et une Annonciation *(1re chapelle à droite)* par Benedetto da Maiano. Dans l'oratoire du Saint-Sépulcre (*à droite du chœur*), la **Déposition de Croix★** en terre cuite exécutée à la fin du 15e s. par Guido Mazzoni est l'exemple même d'un genre réaliste et théâtral appelé à connaître un vif succès en Italie méridionale. Le groupe était polychrome à l'origine.

PIAZZA DEL GESÙ NUOVO

E3 S'imposant au regard, la **flèche** rococo de l'Immacolata (milieu du 18e s.) est un monument votif dressé par les Jésuites en hommage aux victimes de la peste de 1656. Au nord se dresse la sévère façade de l'**église du Gesù Nuovo**, à pointes de diamant, toutes de pépérin. Cette façade est l'unique témoignage de l'ancien palais Sanseverino (du 15e s.) sur lequel fut érigée l'église.

SANTA CHIARA★

E3 *Accès depuis la via Benedetto Croce ou la via Santa Chiara. ✆ 081 55 16 673 - www.monasterodisantachiara.eu - église :*

7h30-13h, 16h30-20h ; cloître et musée : 9h30-17h30, dim. 10h-14h30 - possibilité de visite guidée - 6 €.
Sancie de Majorque, la pieuse épouse de Robert le Sage, fit édifier cette église de clarisses en style gothique provençal. L'incendie provoqué par un bombardement en 1943 lui a fait perdre une grande partie de sa richesse intérieure. L'intérieur fut alors reconstruit avec sobriété, dans le style gothique d'origine.
La façade, d'une grande simplicité, est précédée d'un porche en pépérin, dont la couleur grise contraste avec le tuf jaune. L'intérieur possède une grande nef unique, dans la tradition angevine, sur laquelle se greffent neuf chapelles. Le chœur à fond plat abrite plusieurs mausolées de la dynastie angevine : derrière l'autel, le **tombeau★★** de Robert le Sage fut exécuté par des artistes florentins en 1345 ; à droite, celui de Charles de Calabre est attribué au Siennois Tino di Camaino, à qui l'on doit le **sépulcre★** de Marie de Valois, contre le mur à droite. À droite de la partie réservée au clergé *(presbiterio)*, un vestibule conduit au **coro★** du 14e s., auquel on accède par un beau portail de marbre ; aux murs, restes de fresques de l'école de Giotto.
★★ Chiostro – Son agencement est l'œuvre de Domenico Antonio Vaccaro (18e s.) : le centre, à ciel ouvert, fut transformé en un jardin dont les lignes médianes sont soulignées par deux allées couvertes d'une pergola, dessinant ainsi une croix. Le muret soutenant les arcades du cloître, les colonnes des allées et les bancs qui les relient sont carrelés de magnifiques **faïences★** ornées de motifs floraux, paysages, scènes champêtres, parties de chasse ou sujets mythologiques. N'oubliez pas d'admirer aussi les murs du cloître, recouverts de fresques aux sujets variés, réalisées au 17e s., certaines montrant des scènes ou des paysages d'une étonnante fraîcheur. Le petit **musée de l'Opera di Santa Chiara** conserve les vestiges d'un édifice thermal romain et présente des objets trouvés sur le site.

SAN DOMENICO MAGGIORE

E3 *✆ 081 45 91 88 - 8h30-12h30, 16h-19h.*
Construite par Charles II d'Anjou autour de 1300 et de nombreuses fois remaniée, l'église tourne curieusement son abside vers la **piazza San Domenico Maggiore**, où un petit obélisque baroque célèbre saint Dominique. De nombreux Napolitains se donnent rendez-vous pour prendre un verre dans ce qui était autrefois le « QG » des Dominicains de Naples. À l'intérieur de l'église se mêlent éléments gothiques et baroques, ainsi que de très nombreuses œuvres d'art. La 2e **chapelle★** du bas-côté droit a été peinte à fresque par Pietro Cavallini (1309). Dans **la grande chapelle du Crucifix** se trouve l'image du crucifix qui aurait demandé à saint Thomas d'Aquin : « Tu as bien parlé de moi Thomas, quelle récompense souhaites-tu ? » « Rien d'autre que toi » lui aurait répondu le saint.
La **sacristie★** (18e s.), tapissée de boiseries et décorée d'une fresque

NAPOLI
plan I
0
200 m
PORTA CAPUANA
Castel Capuano
MUSEO DEL TESORO DI SAN GENNARO
Duomo
Pio Monte d. Misericordia
S. Giorgio Maggiore
Palazzo Cuomo
S. Maria Donnaregina Vecchia
MADRE
Quadreria d. Girolamini
NAPOLI SOTTERRANEA
S. Lorenzo Maggiore
S. Gregorio Armeno
Sant'Angelo a Nilo
S. Paolo Maggiore
Purgatorio ad Arco
Pal. Spinelli di Laurino
Sansevero
S. Domenico Maggiore
S. Maria Maggiore
Croce di Lucca
S. Pietro a Majella
SPACCANAPOLI
Gesù Nuovo
S. Chiara
MUSEO ARCHEOLOGICO NAZIONALE
S. Anna d. Lombardi
S. Nicola alla Carità
Piazza Garibaldi
Pza del Mercato
Arco sant'Eligio
STA. MARIA DEL CARMINE
Vesuviana
Garibaldi
Duomo
Università
Dante
Corso Giuseppe Garibaldi
Vico Soprammuro
Via Duca di S. Donato
Via del Duomo
Via Mezzocannone
Via Toledo
Via Marina
Via Nuova Marina
Corso Umberto I
Via Tribunali
Piazza Cavour
Pza Dante
Pza del Gesù Nuovo
Pza G. Matteotti
Pza G. Bovio
Via Porta di Massa
ROMA
Capodimonte, Catacombe di S. Gennaro
POZZUOLI, GAETA
Porto di Santa Lucia, Mergellina

SE RESTAURER

Antica Pizzeria Da Michele.... 1
Decumano 31.......... 13
Ecomesarà.......... 4
Gino Sorbillo.......... 3
Il Cuoppo.......... 14
Il Figlio del Presidente-L'Originale.......... 15
Pizzeria Di Matteo.......... 2
Un Sorriso Integrale.......... 5

PRENDRE UN VERRE

Caffeteria Ceraldi.......... 1
Gran Caffè Aragonese.......... 2
Fantasia Gelati.......... 9
Il Mantegno 6
La Scimmia.......... 10
La Scimmia.......... 17
Mennella.......... 11
Scaturchio.......... 16

SHOPPING

Ferrigno.......... 1
Fratelli Capuano.......... 5
Gay Odin.......... 24
Kiphy.......... 6
Laboratorio di Fabio Paollela La Smorfía.......... 3
Libreria Berisio.......... 15
Libreria Fausto Fiorentino.......... 16
Libreria Regina.......... 14
Marché via Pignasecca.......... 17
Porta Nolana.......... 18
Raffaele Russo.......... 4
Salumeria Pane dal 1864. 12
Scriptura.......... 21

SORTIR

Academy Astra.......... 11
Bourbon Street Club.......... 12
Dell'Epoca.......... 10
Intra Moenia.......... 7
Kestè.......... 8
Teatro Bellini.......... 2
Velvet Zone.......... 14

de Francesco Solimena, abrite en hauteur, derrière une balustrade, une quarantaine de cercueils de personnalités de la cour d'Aragon.

CAPPELLA SANSEVERO★

E3 Via Francesco De Sanctis, 19/21 - ✆ 081 55 18 470 - www.museosansevero.it - 9h30-18h30, dim. et j. fériés 9h30-14h - fermée mar. - 7 €.

La chapelle date du 16e s., mais l'intérieur a été entièrement réaménagé au 18e s. dans un style baroque exubérant, à la demande de **Raimondo di Sangro**, prince de Sansevero.

Elle abrite d'étonnantes **sculptures★** de marbre : de part et d'autre du chœur, la *Pudeur* (femme voilée) et le *Désespoir* (homme cherchant à se dégager d'un filet) et, au centre de la nef, le magnifique **Christ voilé★**, œuvre magistrale de **Giuseppe Sanmartino**. Les plis du voile sont si légers que le tissu semble déposé sur le corps allongé, tandis que la sérénité des traits du visage donne l'impression que le Christ repose paisiblement dans un sommeil profond.

Raimondo di Sangro était passionné par l'alchimie et la science. En témoignent les deux présumés « squelettes » complets dont l'appareil circulatoire fut pétrifié, dit-on, par une substance de son invention *(salle souterraine, accès par le côté droit)*.

En continuant jusqu'au bout de la rue, puis en prenant à droite, on débouche **piazzetta del Nilo,** qui doit son nom à la statue antique symbolisant le Nil. À l'extrémité de la place, du côté de San Domenico Maggiore, l'église **Sant'Angelo a Nilo** *(8h30-13h, 16h30-18h30 ; f. dim. apr.-midi)* renferme le **tombeau★** en marbre du cardinal Ronaldo Brancaccio (1427), fondateur de l'église, œuvre de Donatello et Michelozzo. Suivez la via San Biagio dei Librai, puis tournez à gauche dans la **via San Gregorio Armeno**, domaine des petits magasins et ateliers de *pastori*, ces célèbres **santons de crèches**. Aux côtés des santons traditionnels, les artisans (dont l'art se transmet de père en fils depuis le 19e s.) ont placé des sujets modernes qui représentent des personnalités actuelles *(rue très animée lors des fêtes de fin d'année)*.

Au fond, au-dessus d'un arc enjambant la rue, se détache le clocher de l'église San Gregorio Armeno.

SAN GREGORIO ARMENO

F3 Via San Gregorio Armeno, 1 - ✆ 081 55 20 186 - mar., sam.-dim. 9h-13h, lun., merc.-jeu.. 9h-12h - horaires susceptibles de modifications.

L'**intérieur★** de l'église, accessible depuis l'atrium, est d'une surprenante exubérance. Les fresques ornant la coupole et la nef encadrée par un double **orgue** baroque monumental sont de Luca Giordano. À ne pas manquer aussi : le maître-autel en marbres polychromes ; au niveau supérieur, les grilles en laiton derrière lesquelles les nonnes, cachées, suivaient la messe ; enfin, le très beau plafond de boiseries dorées.

Cloître de Santa Chiara.

Le **cloître** aux tons ocre jaune *(accès par l'escalier du couvent en haut de la rue, sur la piazzetta à gauche)*, planté d'orangers et de néfliers, est ponctué au centre d'une fontaine aux effigies du Christ et de la Samaritaine (fin 18e s.).

PALAZZO CUOMO★

F3 *Via del Duomo, 288 - ✆ 081 20 31 75. Entrée possible dans le hall pendant la restauration - 9h-18h.*
La façade à bossages de cet imposant palais édifié à la fin du 15e s. par un riche marchand napolitain évoque la Renaissance florentine. Il abrite le **museo Civico Filangieri** : collections d'armes, de céramiques et de porcelaines, meubles ; peintures de Ribera, Caracciolo, Mattia Preti...

PIO MONTE DELLA MISERICORDIA★

F2 *Via dei Tribunali, 253 - ✆ 081 44 69 44 - www.piomontedellamisericordia.it - tlj sf merc. 9h-14h - fermé 1er janv., dim. de Pâques, 24 et 25 déc. - 7 €.*
Fondée en 1602 par sept nobles napolitains, la confrérie avait pour vocation de venir en aide aux indigents et de soigner les malades (elle fit construire un hôpital à Ischia dès 1604). L'église baroque à plan centré est ornée de La *Libération de saint Pierre* par Caracciolo, d'une Déposition de Croix de Luca Giordano et d'un chef-d'œuvre du **Caravage Les Sept Œuvres de miséricorde★★★**.
À l'étage, la **galerie** expose une importante série de peintures du Napolitain **Francesco De Mura** (1696-1782) et un *Autoportrait* de Luca Giordano ; petite section d'art contemporain.

CASTEL CAPUANO

G2 La forteresse normande de 1165, remaniée par la maison d'Anjou, est le plus ancien château de la ville. Résidence des Aragonais, puis prison et palais de justice au 16e s., elle abrite le tribunal.
La **Porta Capuana★**, l'une des quatre entrées de la ville ancienne, ouvrait sur la route de Capoue. Datant de 1484, elle est encadrée de deux tours massives dont le granit noir contraste avec l'arc en marbre blanc à la décoration Renaissance raffinée.
La proche **Santa Catarina a Formiello** *(ouv. irrégulière)*, construite au début du 16e s. pour les Dominicains, est l'une des plus importantes églises Renaissance de Naples. Son décor intérieur, en grande partie œuvre de **Paolo de Matteis** (1662-1728), dépeint la lutte contre l'hérésie.

SAN GIOVANNI A CARBONARA★

F1 *Via San Giovanni a Carbonara, 5 - ✆ 081 29 58 73 - lun.-sam. 9h-18h.*
Un élégant escalier du 18e s. mène au portail gothique de l'église fondée au 14e s. À l'intérieur se trouvent l'imposant tombeau de Ladislas d'Anjou (15e s.) et une Crucifixion de Giorgio Vasari. La chapelle **Caracciolo del Sole★**, avec son pavage de majolique bleue et ses fresques du 15e s., est éblouissante. La chapelle **Caracciolo del Vico★** s'apparente

à un musée de l'art funéraire à la Renaissance.

MADRE★

(Museo d'Arte Contemporanea Donnaregina)
F1 *Via Settembrini, 79 - ✆ 081 29 28 33 - www.madrenapoli.it - tlj sf mar. 10h-19h30, dim. 10h-20h - 7 €, lun. gratuit.*
L'ancien palais Donnaregina a été métamorphosé en musée d'Art contemporain par l'architecte portugais Álvaro Siza. Il abrite une collection permanente constituée d'œuvres d'artistes locaux et internationaux des 20e et 21e s. Le rez-de-chaussée est consacré aux expositions temporaires.

COMPLESSO MONUMENTALE DONNAREGINA★

F1 *Vico Donnaregina, 25 - ✆081 557 13 65 - www.museodiocesanonapoli.com - tlj sf mar. 9h30-16h30, dim. 9h30-14h - 6 €.*
Après l'univers baroque de **Santa Maria Donnaregina Nuova** (déb. 17e s.) et du musée diocésain, la soudaine immersion dans l'ambiance médiévale de **Santa Maria Donnaregina Nuova★** crée un bel effet de surprise. De style gothique tardif (14e s.) et d'inspiration française, l'église conserve le **tombeau★**, par Tino di Camaino, disciple de Giovanni Pisano, de la reine Marie de Hongrie, veuve de Charles II d'Anjou, qui fonda l'édifice, ainsi qu'un riche ensemble de **fresques★** du 14e s. Le chœur des moniales est orné d'un grand **Jugement dernier★**, encadré du **Paradis** et de l'**Enfer**. Sur les parois figurent des scènes de la Passion.

DUOMO★

F2 *Via del Duomo, 147 - ✆ 081 44 90 97 - 8h30-13h30, 16h30-19h30h, dim. 8h-13h30, 14h30-20h.*
La cathédrale, dédiée à N.-D.de l'Assomption, construite au 14e s., fut de nombreuses fois remaniée. Le **trésor de San Gennaro★** est placé dans une chapelle baroque abritant les deux ampoules contenant le sang du saint. Sous la coupole, fresque mouvementée de Lanfranco *(Le Paradis)*. Dans le transept droit, **Assomption** du Pérugin et **chapelle** gothique **Minutolo**, pavée de mosaïques du 13e s. et ornée de fresques. La **crypte** *(Succorpo)* est une élégante création Renaissance. Une porte située au milieu du collatéral gauche donne accès à la **basilique Santa Restituta** *(8h30-12h30, 16h-18h30, j. fériés 8h30-13h; dernière entrée 30mn avant)*, cathédrale primitive du 4e s., transformée à l'époque gothique puis au 17e s. : au fond de sa nef, le **baptistère San Giovanni** conserve sa physionomie et ses **mosaïques★** du 5e s.

MUSEO DEL TESORO DI SAN GENNARO★

F2 *Via del Duomo, 149 - ✆ 081 29 49 80- www.museosangennaro.com - tlj sf lun. 9h-17h30 - fermé merc., janv. et fév. 6 €.* Il conserve les documents anciens, ex-voto, sculptures en argent et peintures de valeur qui faisaient partie du trésor de San Gennaro. La sacristie est ornée de fresques de **Luca Giordano**.

SAN LORENZO MAGGIORE★

F2 *Via dei Tribunali, 316 - ✆ 081 37 23 720 - 7h45-19h15, dim. 7h45-13h, 17h-19h15.*

Remaniée à l'âge baroque, l'église fut élevée au 14e s. sur un édifice paléochrétien dont elle conserve les murs extérieurs, deux mosaïques et les colonnes bordant sa nef unique. La nef, rectangulaire et nue, exception faite d'une chapelle nobiliaire baroque sur le côté droit, est d'une sévérité toute franciscaine. À la croisée du transept s'élève un **arc triomphal★** en plein cintre. Le croisillon gauche abrite le grand **Cappellone di Sant'Antonio** (chapelle St-Antoine) avec, au-dessus de l'autel, une peinture du saint entouré d'anges (1438) sur fond doré. À droite du maître-autel, le **monument funéraire★** de la reine Catherine d'Autriche est l'œuvre de Tino di Camaino. L'**abside polygonale★**, de style gothique français, est surmontée de hautes fenêtres géminées et cernée d'un déambulatoire sur lequel s'ouvrent des chapelles, dont une *(capella VI)* conserve des fresques peintes par des disciples de Giotto.

COMPLESSO MONUMENTALE SAN LORENZO MAGGIORE

F2 *Piazza San Gaetano, 316 - ✆ 081 21 10 860 - www.sanlorenzomaggiore.na.it - vis. guidées 9h30-17h30, dim. 9h30-13h30 - 9 €.*

La visite guidée fait découvrir le cloître du 17e s., puis des vestiges d'époques grecque, romaine (*macellum* ou marché, boutiques et cryptoportique) et médiévale. Le circuit se termine dans la salle Sixte V, ancien réfectoire des moines entièrement couvert de fresques à la gloire des Vertus par l'Espagnol Luigi Rodriguez (17e s.). Le musée abrite un riche ensemble de sculptures. Au 1er étage s'ouvre une belle salle décorée de fresques (18e-19e s.).

SAN GIORGIO MAGGIORE

F2 *Piazza San Gaetano, 76 - ✆ 081 45 40 48- 9h-13h.*

L'église coiffe la nécropole de San Gaetano et s'élève à l'emplacement d'un ancien temple des Dioscures. L'intérieur baroque, avec ses chapelles des bas-côtés coiffées de coupoles, ses stucs et ses ors, a retrouvé son faste après restauration. On y verra plusieurs fresques★ de Solmena.

NAPOLI SOTTERRANEA★★

F2 *Associazione Napolisotterranea, piazza San Gaetano, 68 - ✆ 081 29 69 44 - www.napolisotterranea.org - visite guidée uniquement (1h30 ; en anglais) 10h, 11h, 12h, 13h, 14h, 15h, 16h, 17h et 18h (jeu. aussi 21h) ; visite déconseillée aux pers. souffrant de claustrophobie - 9 €.*

À 30-40 m de profondeur, les Grecs ont creusé des galeries souterraines de tuf au 4e s. av. J.-C. pour construire les murs d'enceinte de la cité. Plus tard, pour alimenter la ville en eau,

Spaccanapoli, linge séchant dans la rue.

les Romains imperméabilisèrent ces espaces et les relièrent à un **aqueduc**. Le système fonctionna jusqu'en 1885. Plusieurs citernes privées ont été construites par les Grecs. L'une, transformée en cave à vin et utilisée jusqu'en 1952 par le cloître San Gregorio Armeno, conserve son système de ventilation en porcelaine maintenant un taux d'humidité constant. La visite se termine par le **théâtre romain** de 6000 places (1er-2e s.).

Plus loin sur le *decumanus* majeur (via dei Tribunali), au-delà de la via San Gregorio Armeno, sur la droite, l'**église Santa Maria delle Anime del Purgatorio** ***E3***, littéralement « Sainte-Marie-des-Âmes-du-Purgatoire » *(via dei Tribunali, 39 - ✆ 081446810 ou 333 38 32 561 - www.purgatorioadarco.it - vis. guidées lun.-sam. 10h-14h - 4 €),* s'annonce par des crânes de bronze placés au pied de son escalier d'accès. Elle abritait une confrérie chargée de célébrer des messes pour les âmes du purgatoire. L'hypogée (sépulture souterraine) rassemble de nombreux ossements. Autrefois, on pratiquait la singulière cérémonie du nettoyage des ossements afin d'obtenir une grâce, notamment le rachat d'une faute.

PALAZZO SPINELLI DI LAURINO★

F2 *Via dei Tribunali, 362.*
L'ancien palais de Trojamo Spinelli VIII, duc de Laurini, est l'œuvre de **Ferdinando Sanfelice** *(p. 119)*. Il s'agence autour d'une **cour** elliptique, ornée de statues des Vertus et de médaillons (scènes mythologiques et champêtres). Au fond, l'**escalier** à double révolution dévoile les statues des membres de la famille ducale.

Au-delà se dresse le campanile en brique rouge (11e s.) de l'ancienne Santa Maria Maggiore, reconstruite à l'époque baroque. Remarquer la façade en péperin typiquement Renaissance de la **chapelle** dédiée à l'humaniste **Giovanni Pontano** (1429-1503), à gauche du parvis de l'église.

PIAZZA BELLINI

E2-3 Fréquentées par des foules de jeunes, les terrasses de ses bars s'étendent jusqu'aux vestiges de **murs grecs**.

La **via Port'Alba**, surmontée d'un bel arc du 17e s., réunit les plus anciennes librairies de la ville. La **Porta Alba** est l'une des quatre dernières portes du centre historique.

PIAZZA DANTE

E3 L'immense place semi-circulaire, dessinée par **Luigi Vanvitelli** (18e s.) et ouverte sur la **via Toledo**, est le trait d'union entre le centre ancien et les quartiers espagnols *(voir page suivante)*. Les statues couronnant les bâtiments représentent les vertus de Charles III de Bourbon.

Le centre monumental★★

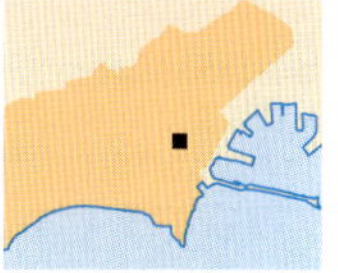

Symbole des splendeurs du royaume des Deux-Siciles, le centre monumental, avec ses larges voies et ses édifices solennels investis par les banquiers et les édiles de la ville, raconte le temps où Naples, capitale culturelle et commerciale de l'Europe du Sud, rivalisait avec les grandes villes européennes. Ordonné autour de la via Toledo – percée en 1536 par le vice-roi d'Espagne don Pedro de Toledo – l'ancien quartier des souverains subit actuellement une cure de jouvence liée au prolongement de la ligne 1 de métro et à la restauration de nombreux monuments, à commencer par le Palazzo Reale et le Teatro San Carlo. Le centre monumental est célèbre dans tout Naples pour ses adresses gourmandes et pour son animation.

▶**Accès :** M° Toledo/Municipio.

Plan détachable DEF4-5-6.

▶**Conseils :** Comptez 1/2 j. de visite à pied, de préférence à l'heure de la sortie des bureaux et de la passeggiatta (fin d'après-midi), quand le quartier est le plus animé. *« Nos adresses » p. 71.*

SAN NICOLA ALLA CARITÀ

E4 Dessinée par Solimena, cette église baroque (17e-18e s.) abrite quelques-unes des plus belles **fresques** de Paolo De Matteis, dont *La Gloire de saint Nicolas* et *Le Passage de saint Nicolas,* dans le retable.
À proximité, la via Pignasecca, avec ses étals envahissants, mène au cœur de **Montesanto**, jusqu'au funiculaire du même nom qui conduit au Vomero *(voir p. 32).*
En reprenant la via Toledo, vous découvrirez l'entrée de la **station de métro Toledo** (juin 2012), dessinée par l'architecte catalan **Óscar Tusquets Blanca** et signalée par trois puits de lumière hexagonaux : à l'intérieur, les murs sont recouverts de mosaïques noires (la terre volcanique), jaunes (le tuf) et bleues (la mer), et décorés de grands panneaux signés par des artistes internationaux (William Kentridge, Bob Wilson, etc.)

QUARTIERI SPAGNOLI

D4 Construit en quelques semaines au 16e s. pour loger les troupes espagnoles du vice-roi don Pedro de Toledo, c'est un lieu dense, dominé par la Certosa di San Martino, où chaque rue ouvre sur une église ou une image pieuse. Il n'y a pas de monuments à proprement parler : le quartier, avec ses ruelles formant un damier serré, presque étouffant, suffit à lui-même. Les bâtiments, de modeste facture, sont composés d'innombrables *bassi*, logements de rez-de-chaussée d'une pièce. Si l'endroit n'a, à tort ou à raison, pas très bonne réputation la nuit, une certaine image éternelle de Naples se dévoile ici, avec ses petits métiers, ses commerces, ses habitants qui s'apostrophent ; en bref, un village comme égaré dans la ville.

PALAZZO ZEVALLOS STIGLIANO★

E5 *Via Toledo, 185 - ✆ 800 16 05 20 07 - www.palazzozevallos.com - Fermé lun., mar.-vend. : 10h-18h, w.-end : 10h-20h - 7 €.*

Aujourd'hui siège de la Banca Intesa Sanpaolo, le palais se signale par son entrée monumentale. Il a été construit entre 1637 et 1639 par **Cosimo Fanzago**, architecte napolitain à l'origine d'un baroque très original, notamment par son usage des marbres polychromes. La cour couverte a été transformée au début du 20e s. en un merveilleux salon avec baies vitrées et galeries Art nouveau. Au premier étage est exposé le chef-d'œuvre des collections de l'institut bancaire : le **Martirio di Sant'Orsola★**, peint par **le Caravage** en 1610, quelques semaines avant sa mort.

GALLERIA UMBERTO I★

E5 S'ouvrant sur la via Toledo et le théâtre San Carlo, cette galerie, au pavement de mosaïques relevé de marbre, dorures et bas-reliefs, fut inaugurée en 1890, en pleine vogue des passages couverts à Paris. Au centre, la coupole en verre et en fer forgé est soutenue par d'élégantes figures féminines.

TEATRO SAN CARLO★★

E6 *Via San Carlo, 98/F - ✆ 081 79 72 468 - www.teatrosancarlo.it - ♿ - visite guidée sur réserv. (45mn) 10h30, 11h30, 12h30, 14h30, 15h30, 16h30, dim. : matin uniquement - fermé en août - 6 €.*

Premier théâtre lyrique d'Europe, il fut édifié sous Charles de Bourbon, en 1737, un demi-siècle avant la Scala de Milan et la Fenice de Venise. On y entendait les compositeurs les plus populaires alors en Europe (*« En savoir plus, Musique et opéra », p. 134*). Entièrement ravagé par un incendie en 1816, l'opéra fut reconstruit à l'identique en seulement six mois, à l'exception de la **loge royale★** : cette dernière possède de somptueux rideaux fabriqués en papier mâché afin d'alléger la structure et d'avoir une meilleure acoustique. Avec son fastueux décor de stucs, de boiseries dorées et de velours rouges, l'intérieur en fer à cheval s'élève sur six étages et comporte 184 loges. Les miroirs installés dans chacune d'elles permettaient à la fois de voir la loge du roi et d'avoir un meilleur éclairage en réfléchissant la lumière des bougies.

Le **bas-relief** ajouté au-dessus de la scène en 1840 comprend une horloge avec un cadran qui pivote sur lui-même, le doigt indiquant l'heure.

La Galleria Umberto I, extérieur.

GA

Sa parfaite acoustique et l'ampleur de sa scène permettent à ce théâtre d'occuper une place de premier plan dans la vie musicale italienne : la première école de danse et de scénographie italienne y fut fondée en 1816 et Verdi y dirigea plusieurs saisons pendant la seconde moitié du 19e s. L'escalier, le vestibule et la façade, de facture néoclassique, datent de la fin du 19e s.
La **piazza Trento e Trieste** est fermée par le théâtre San Carlo, le côté du palais royal et le **Gran Caffè Gambrinus**, café historique tout en marbre et dorures. Sur la place s'élève aussi l'église baroque **San Ferdinando**.
Ici commence l'élégante et commercante **via Chiaia**, se dirigeant vers la Naples au luxe insolent de la piazza dei Martiri et alentour *(voir Chiaia et le Lungomare, p. 30)*.

PIAZZA DEL PLEBISCITO★

DE6 La noblesse de cette immense place en hémicycle aménagée sous le règne de **Joachim Murat** (1809) force le respect. Elle est fermée d'un côté par le palais royal et, de l'autre, par la façade néoclassique de l'église **San Francesco di Paola**, construite en 1817 sur le modèle du Panthéon de Rome et prolongée par une colonnade curviligne. Bien que rebaptisée en l'honneur du plébiscite du 21 octobre 1860 qui rattacha définitivement Naples à l'Italie, la place n'en a pas moins conservé les statues équestres des souverains du royaume déchu des Deux-Siciles, Ferdinand de Bourbon et Charles de Bourbon, par Canova.
La nouvelle maison souveraine de Savoie fit même installer sur la façade du palais royal les huit statues des principaux anciens rois de Naples (Roger le Normand, Frédéric II, Charles Ier d'Anjou, etc.)

PALAZZO REALE★

E6 *Piazza del Plebiscito, 1 - ✆ 081 58 08 111 - www.palazzorealenapoli. it - Palais : tlj sf merc. 9h-20h, vend. : 9h-22h, Cour : 9h-19h - fermé 1er janv., 25 avr., 1er Mai et 25 déc. - 4 €.*
Bien que plusieurs fois remanié, le **palais royal** dessiné au début du 17e s. par l'architecte **Domenico Fontana** conserve à peu de chose près sa façade dans son aspect d'origine. Entouré à l'arrière de jardins, il constituait un vaste complexe qui accueillait également la manufacture royale de porcelaine, l'imprimerie, la tapisserie, la bibliothèque et l'académie.
Un **escalier** monumental à double rampe, surmonté d'une voûte à caissons et décoré de stucs par Genovese (1837), donne accès aux **appartements★**, habités par les rois à partir de 1734 et à la **chapelle palatine**, somptueusement décorée.
Les pièces conservent nombre d'œuvres d'art, peintures, meubles, pièces de porcelaine napolitaines et grandes tapisseries. Remarquez en particulier les magnifiques **battants★** de porte en bois : sur un fond d'or, angelots, jeunes filles et animaux émergent d'une composition florale. La salle du Trône, achevée au 19e s., ou l'antichambre proche du théâtre,

avec son plafond en trompe-l'œil, forcent le respect. Dans la Bibliothèque nationale, **la collection de papyrus d'Herculanum★** (*✆ 081 778 19 11 - www.bnnonline.it - lun.-vend. 8h30-13h30)* conserve des manuscrits datant du 3ᵉ s. av. J.-C. au 1ᵉʳ s., ensevelis pendant des siècles sous les cendres volcaniques de l'éruption qui ravagea Pompéi. Ils furent découverts au 18ᵉ s. : après quelques malheureuses tentatives d'ouverture des rouleaux carbonisés, le père Antonio Piaggio conçut une **machine** spéciale pour les dérouler, à l'aide d'une colle à base de substances naturelles facilitant le décollement des feuilles. Les manuscrits contiennent des textes philosophiques de Philodème et d'Épicure, dont le *De la Nature*, ainsi que des œuvres en latin (comédies, ouvrages juridiques, etc.)

PIAZZA MUNICIPIO

E5 La vaste esplanade descendant vers la mer s'étend à l'emplacement de l'ancien port romain de Naples. Sa physionomie a été bouleversée par la création de la station de métro Municipio, commencée en 2003 et inaugurée... en juin 2015. Comme personne ne s'en étonnera en un lieu aussi central, d'importants **vestiges archéologiques** ont été mis au jour, notamment au pied du Castel Nuovo. Ont ainsi été découverts un complexe thermal, trois bateaux de la période romaine, ainsi qu'un quartier d'habitation datant du bas Moyen Âge.

CASTEL NUOVO (MASCHIO ANGIOINO)★★

E5 *Piazza Municipio - ✆ 081 79 55 877 - tlj sf dim. 9h-19h - 5 €.*
Imposant et entouré de profonds fossés, le Castel Nuovo fut construit en 1279 par les architectes de Charles Iᵉʳ d'Anjou, Pierre de Chaulnes et Pierre d'Agincourt, sur le modèle du château d'Angers.
Un remarquable **arc triomphal★★** embellit son entrée côté ville. Celui-ci, exécuté sur les plans de **Francesco Laurana** en 1467, est orné de sculptures à la gloire de la maison d'Aragon. Au fond de la cour intérieure, un escalier, à gauche, conduit à la **salle des Barons** (15ᵉ s.), à la voûte ornée d'un réseau d'ogives en étoiles. La **chapelle palatine** (14ᵉ s.) est précédée d'un élégant portail Renaissance autrefois surmonté d'une Vierge de Laurana, aujourd'hui conservée avec d'autres œuvres de l'artiste dans la sacristie. La chapelle elle-même abrite le long de ses murs des fresques provenant du château de Casaluce (province de Caserta).
Une terrasse panoramique permet de jouir d'une belle **vue** sur les monuments du quartier, le port envahi de paquebots et les toits de Spaccanapoli au fond.

Chiaia et le Lungomare★

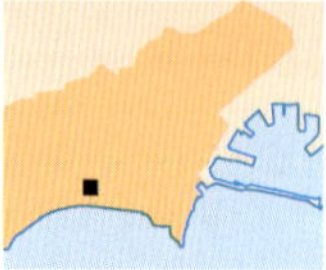

Prestigieuses griffes italiennes et internationales, grands hôtels et bars au design soigné, bienvenue dans la Naples ultra-chic de Chiaia, de la via dei Mille et alentour ! L'ambiance change au-delà du port de Santa Lucia, sur le Lungomare, où l'on vient se balader en famille, entre amis ou en amoureux. Plus loin vers l'ouest, près de l'anse de Mergellina, la piazza Sannazzaro attire les noctambules.

▶**Accès :** À pied depuis la piazza del Plebiscito ***DE6*** ou par la via Chiaia ***CD6***. ***Plan détachable ABCDE7-8.***

▶**Conseils :** Comptez 1/2 j. de visite ; pour rallier rapidement la piazza Vittoria ***C7*** à Mergellina ***A8***, prenez le bus C24. De Mergellina, retour vers le centre par le bus ou le métro (ligne 2). *« Nos adresses » p. 71.*

PORTO DI SANTA LUCIA★★

E8
Relié à la rive par une jetée, le minuscule port abrite bateaux de plaisance, bars et restaurants huppés très animés en soirée. De la jetée, **vue★★** admirable sur le Vésuve et la partie occidentale du golfe.

CASTEL DELL'OVO

D8 *Borgo Marinari - ✆ 081 24 00 055 - 9h-19h30, dim. 9h-14h - gratuit.*
La forteresse de tuf du 16ᵉ s., ancienne résidence de la maison d'Anjou, s'élève sur une antique villa romaine. Selon la légende, le poète Virgile aurait placé un œuf en son cœur, d'où son nom de Castel dell'Ovo (château de l'Œuf). Si celui-ci venait à se briser, les flots engloutiraient l'édifice et la ville. **Vue★★** superbe depuis sa terrasse panoramique.

VILLA COMUNALE

ABC7 Les jardins, créés par Carlo Vanvitelli en 1780, sont en chantier depuis des années à la suite des travaux de prolongement de la ligne 6. Au centre, l'**aquarium** (Stazione Zoologica), ouvert en 1874, présente des espèces sous-marines vivant dans le golfe de Naples, notamment de gorgones formant des colonies arborescentes. *✆ 081 58 33 111 - www.szn.it -tlj sf lun. 9h30-18h30, 17h en nov.-fév. - 1,50 €.*

MERGELLINA★

A7-8 En embarquant pour les îles du port de Mergellina, une **vue★★** splendide s'offre sur la baie dominée par la silhouette du Vésuve.

Le front de mer avec l'îlot de Mégaride, castel dell'Ovo.

Le Vomero★

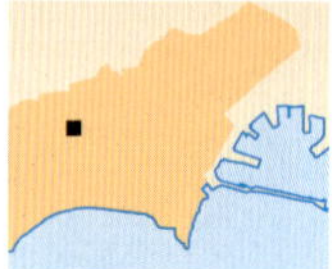

Une autre Naples se dévoile sur le plateau du Vomero, accessible en funiculaire. Circulation discrète, espaces verts, boutiques ciblées middle-class, avenues larges, rectilignes et ombragées rayonnant de la piazza dédiée au grand architecte Luigi Vanvitelli. Ici, tout prête au calme, à la détente et au lèche-vitrines. Un havre de paix que ce quartier aux allures de ville dans la ville, situé à seulement quelques mètres au-dessus de deux Naples très différentes, l'élitiste Chiaia et les très populaires quartiers espagnols.

▶**Accès :** M° Vanvitelli ou en funiculaire.

Plan détachable ABC3-4-5.

▶**Conseils :** Le plus souhaitable est l'accès en funiculaire (Montesanto, Centrale, Chiaia). Les plus sportifs opteront pour l'ascension à pied par la via Pedamentina San Martino (Montesanto) ou la salita Petraio (quartieri Spagnoli). *« Nos adresses » p. 71.*

CASTEL SANT'ELMO

C4 *Via Tito Angelini, 22 - ✆ 081 22 94 401 - www.polomusealenapoli.beniculturali.it - tlj sf mar. 8h30-19h30 - La billetterie ferme 1h avant. 5 €.*

L'austère Castel Sant'Elmo, en forme d'étoile à six pointes et entouré de fossés, est né en 1329 de la volonté de **Robert d'Anjou**. Élément clé du système défensif de la ville, il fut remanié sous la dynastie aragonaise au 15e s., puis transformé en prison. Du chemin de ronde, **panorama★** complet sur la baie et sur Naples, dont Spaccanapoli, cicatrice rectiligne traversant la vieille ville.

Le bâtiment situé au milieu de l'esplanade centrale abrite le **Museo del 900**. Il présente un panorama de la création plastique à Naples entre 1910 et 1980.

CERTOSA E MUSEO DI SAN MARTINO★★

CD4 *Largo San Martino, 5 - ✆ 081 22 94 510 - www.polomusealenapoli.beniculturali.it - tlj sf merc. 8h30-19h30 - La billetterie ferme 1h avant. 6 €.*

La chartreuse frappe par son immensité et par sa situation, sur une avancée de la colline du Vomero. Fondée par la dynastie d'Anjou au 14e s., elle fut presque totalement remaniée aux 16e et 17e s. L'entrée du site se fait par la cour monumentale, d'où vous pourrez voir un des éperons du Castel Sant'Elmo, quasiment en aplomb.

Au cours de votre visite, ne manquez pas d'admirer les **points de vue★★** remarquables sur la baie de Naples et le Vésuve, notamment celui offert depuis le belvédère proche de la section navale.

Quartier Vomero.

Chiesa – L'**intérieur★★** de l'église, typiquement baroque avec ses marbres polychromes qui recouvrent le sol, les murs et les balustrades, abrite des toiles de Caracciolo, Solimena, Matteis et d'autres maîtres aujourd'hui moins célèbres. À gauche du chœur, la **sacristie★** *(fermée pour restauration en 2015)* entièrement agrémentée de splendides **marqueteries**, donne accès à la salle du trésor au plafond orné d'une fresque de Luca Giordano, *Le Triomphe de Judith* ; à l'autel, toile de José de Ribera, *La Pietà*. Symétriquement, de l'autre côté du chœur, s'ouvrent la salle du chapitre et le parloir, décoré de peintures encore d'esprit maniériste (fin 16e s.) d'Avanzino Nucci. Puis un escalier descend vers le grand cloître.

Harmonieuse construction aveuglante de blancheur, le **cloître★** constitue sans doute, avec l'église de la chartreuse, l'œuvre la plus importante et la plus caractéristique de l'architecte sculpteur **Cosimo Fanzago**, très actif à Naples *(voir Palazzo Zevallos Stigliano, p 26)*. Remarquez, dans un angle, la balustrade ornée de têtes de mort toutes différentes : elle enserre l'ancien cimetière des Chartreux.

Dans le **Museo★** *(ouv. partielle en 2015)* outre les salles consacrées aux arts décoratifs, au théâtre, à la peinture napolitaine du 19e s. et aux représentations de la ville (dont la célèbre *Tavola Strozzi* figurant la cité vue du port au 14e s.), ne manquez pas la **section navale**. Elle abrite une *lancia reale* (barque d'apparat) à 24 rames, de l'époque de Charles de Bourbon, et une autre du 19e s. La **section des crèches★★** *(presepi)* expose une extraordinaire collection de figurines napolitaines en terre cuite polychrome, datant des 18e s. et 19e s. Très riche ensemble d'objets (depuis des petits paniers de fruits et de légumes en cire jusqu'à des animaux et des ustensiles) servant à décorer la traditionnelle crèche napolitaine. La visite se conclut par la grande **crèche Cuciniello** de la fin du 19e s. (dont quelques figurines remontent au 18e s.).

VILLA FLORIDIANA★

***B5** Via Cimarosa, 77 - ✆ 081 57 88 418 - www.polomusealenapoli.beniculturali.it - tlj sf mar. Visite guidée à 9h, 10h, 11h, 12h, 13h. et le dim. à 10h, 11h, 12h - 2 €.*

L'élégant petit palais blanc de style néoclassique *(en restauration en 2015)* est établi sur la frange du Vomero. La façade s'ouvre sur le jardin, d'où l'on jouit d'un beau **panorama★**. La villa est entourée d'un parc *(en cours de réhabilitation)* planté de nombreuses essences. L'endroit prend des allures de grand espace de pique-nique à l'heure du déjeuner.

La villa abrite le **Museo Nazionale di Ceramica Duca di Martina★**, qui présente d'intéressantes collections d'émaux, d'ivoires, de faïences et surtout de porcelaines.

Rione Sanità★

Le faubourg populaire de la Sanità est un enchevêtrement de ruelles sinueuses bâties de part et d'autre du corso Amedeo di Savoia, tracé par Murat. Mémoire du peuple, les nombreuses catacombes du quartier honorent les morts décimés par les épidémies récurrentes qui ravagèrent Naples jusqu'à la fin du 19e s.

▶**Accès :** Bus C51 et C52 (piazza Cavour) ; C63 et R4 (arrêt via Santa Teresa degli Scalzi ou Museo).

Plan détachable Hors plan par D1.

▶**Conseils :** Visite à effectuer de préférence le matin, pour profiter de l'ambiance du quartier de la Sanità. *« Nos adresses » p. 71.*

CATACOMBE DI SAN GENNARO★★

D1 hors plan *Via Capodimonte, 13 ; entrée à côté de la Basilica del Buon Consiglio - ✆ 081 74 43 714 - www.catacombedinapoli.it - visite guidée 10h-17h, dim. 10h-13h - 8 €, billet combiné avec les* **catacombes de San Gaudioso** *(tlj 10h-13h), situées en contrebas, piazza Sanità.*

Entièrement creusé dans le tuf, le vaste complexe se développe sur deux niveaux. Les amples galeries peu éclairées s'élargissent jusqu'à former, au niveau inférieur, un « baptistère » et, au supérieur, une basilique à trois vaisseaux (4e-6e s.). Le tombeau de San Gennaro, dont la dépouille fut transportée ici au 6e s., est orné de fresques représentant le saint. De très anciennes représentations chrétiennes (3e-10e s.) décorent les niches funéraires et la voûte du vestibule, au niveau supérieur. Certaines sépultures familiales portent le portrait des défunts.

CIMITERO DELLE FONTANELLE★★

D1 hors plan *Via Fontanelle, 80 - ✆ 081 19 70 31 97 - www.cimiterofontanelle.com - 10h-17h.*

L'ancienne carrière de tuf gréco-romaine abrite les ossements des victimes de la peste du 17e s., qui fit 300 000 morts.

Rendue célèbre par le film de Rossellini *Voyage en Italie* (1953), la vaste cave, constituée de trois longues allées bordées de crânes, abrite notamment un **autel** constitué d'os et de bois. Le reste des ossements s'accumule, sous le sol, jusqu'à 70 m de profondeur.

L'ossuaire fut l'objet du culte des âmes *pezzentelle* (abandonnées) ou des *capuzelle* (petites têtes), interdit par l'Église dans les années 1950. Il s'agissait d'une dévotion populaire spontanée pour ces défunts anonymes, dans lesquels les fidèles identifiaient les âmes purgatives en quête d'attentions.

Les grands musées★★★

Parmi les nombreux musées de Naples, deux se hissent au rang des très grands musées italiens. Le Museo Archeologico Nazionale conduira les amateurs de l'Antiquité dans des états proches de l'extase. À Capodimonte, les amoureux de peinture de chevalet s'étourdiront devant une avalanche de chefs-d'œuvre, italiens pour l'essentiel. Un grand parc ombragé permettra de se remettre de tant d'émotions esthétiques avant de retrouver la ville et ses réalités.

▶**Accès :** Museo Archeologico, M° Cavour ou Museo ; Capodimonte, bus C63 ou R4 (arrêts via Santa Teresa degli Scalzi ou Museo).

Plan détachable E1-2/Hors plan par E1.

▶**Conseils :** Évitez de visiter ces deux grands musées dans la foulée, en dépit de la tentation que représente leur relative proximité géographique. *« Nos adresses » p. 71.*

MUSEO ARCHEOLOGICO NAZIONALE★★★

E1-2 *Piazza Museo Nazionale, 19 - ☎ 081 44 22 149 - http://cir.campania.beniculturali.it/museoarcheologiconazionale/ - tlj sf mar. 9h-19h30 - fermé 1er janv., 1er Mai et 25 déc. - 8 €. La réorganisation en cours ou une exposition temporaire sont susceptibles de modifier l'ordre de la visite. Certaines salles peuvent être fermées pour inventaire, restauration ou absence de personnel (voir le tableau à l'entrée, près de la billetterie). Visite : 2h.*

Le musée occupe des bâtiments construits au 16e s. pour abriter la cavalerie royale et qui furent, de 1610 à 1777, le siège de l'université. Ses collections, essentiellement constituées d'œuvres d'art ayant appartenu aux Farnese et de matériel retrouvé à Herculanum et à Pompéi, en font l'un des plus riches musées d'antiquités grecques et romaines au monde. Leur découverte se révèle le complément indispensable à la visite des sites de Pompéi et d'Herculanum.

Sculptures gréco-romaines★★★ – *Rez-de-chaussée.* L'ensemble du rez-de-chaussée abrite la collection Farnese, rassemblée à l'initiative du pape Paul III (Alessandro Farnese). Vous admirerez le groupe des **Tyrannoctones** Harmodios et Aristogiton qui, au 6e s. av. J.-C., libérèrent Athènes de la tyrannie d'Hipparque (copie en marbre d'un bronze grec), la majestueuse **Pallas Farnese** (Athéna), une copie du fameux **Doryphore** et de l'**Antinoüs** de Polyclète (5e s. av. J.-C.), ainsi que plusieurs sculptures d'après Scopas (4e s. av. J.-C), dont une représentation de Méléagre dans un matériau peu fréquent, le calcaire rouge. Vous remarquerez également

plusieurs Aphrodite de type capitolin et l'admirable **Artémis d'Éphèse** (2e s.), en albâtre et en bronze, représentation de l'idole vénérée dans le célèbre temple : sa poitrine couverte de mamelles symbolise son caractère nourricier.
Parmi les **groupes monumentaux** découverts au 16e s. dans les thermes de Caracalla à Rome *(salles 11 à 16)* se dresse une statue féminine en basalte du 5e s. av. J.-C. (probablement une Nikê, personnification du Triomphe et de la Victoire). Accessible par la salle 13, le cabinet des **gemmes taillées** *(salles 9 et 10)* compte l'un des joyaux du musée, la célèbre **Tasse Farnese★★★**, énorme camée en forme de coupe, réalisé à Alexandrie au 2e s. av. J.-C.
En empruntant l'ascenseur, on accède à la salle où est exposée la **maquette de Pompéi** en chêne-liège à l'échelle 1/100, exécutée en 1879.
Salles du temple d'Isis★★★ – Trois espaces sont plus particulièrement évoqués et partiellement reconstruits : le portique, l'*ekklesiasterion* (où se réunissaient les adeptes d'Isis) et le *sacrarium* (sanctuaire où étaient déposés les objets sacrés). Les fresques des murs représentent des natures mortes : figues, raisins, oies et colombes, éléments tous en relation avec le culte de la déesse égyptienne. On remarque surtout les grands panneaux (bien conservés), où sont peints des paysages sacrés et des scènes liées au mythe de Io.
Salles des fresques★★★ – *Après les salles du temple d'Isis.* Les fresques les plus belles et les mieux conservées proviennent de Pompéi (Casa dei Dioscuri, Casa di Giasone, etc), de Boscoreale et de Boscotrecase (Villa di Agrippa Postumo). Leur diversité de style et la variété des couleurs attestent la richesse décorative romaine. Ces splendides peintures s'inspirent tantôt de la mythologie (légende d'Héraclès, d'Ariane), tantôt de la tragédie *(Médée, Iphigénie),* ou encore de poèmes épiques (épisodes de la guerre de Troie). Elles sont souvent encadrées de perspectives architecturales, de frises d'Amours, de satyres et de ménades. L'abondance du fameux « rouge pompéien », obtenu à partir de cinabre, précieux pigment importé d'Espagne, permettait aux commanditaires des fresques de révéler ostensiblement leur richesse.
Salles de la villa de Pison et des Papyrus★★★ – *En haut des escaliers, à droite.* On suppose que cette villa, découverte à Herculanum au 18e s., puis réensevelie, appartenait à L. Calpurnius Pison, beau-père de Jules César. Son propriétaire avait fait de sa demeure un véritable musée. La salle des Papyrus renferme des photographies de quelques-uns des 800 papyrus qui formaient la bibliothèque. Une grande salle rassemble les **statues en bronze** qui ornaient le péristyle de la villa : on reconnaît le **Silène ivre**, tout à son allégresse, et un jeune **Satyre endormi** au visage admirable ; les deux **Athlètes**, saisissants de vie, sont inspirés de Lysippe (4e s. av. J.-C.) ; les fameuses **Danseuses d'Herculanum** sont probablement des porteuses d'eau ; l'**Hermès au repos**, au corps

élancé et vigoureux, reflète l'idéal de Lysippe. Outre le **portrait** dit à tort **« de Sénèque »**, l'un des plus remarquables de l'Antiquité par sa puissance d'expression, on note une « tête idéale », identifiée à Artémis, et la majestueuse Athéna Promachos.

Cabinet secret et mosaïques★★ – *Entresol à gauche.* Dissimulé tout au fond de l'entresol, le **cabinet secret★★**, longtemps interdit au public, conserve les **fresques** originales des lupanars de Pompéi et d'Herculanum, ainsi qu'une riche collection d'**objets** érotiques retrouvés sur place : stèle funéraire en forme de phallus, statue du dieu Pan en ébats avec une chèvre, *tintinnabulum* (grelot) en bronze et amulette en argent aux formes explicites, etc.

Les **mosaïques★★** proviennent pour la plupart de Pompéi, d'Herculanum et de Stabies. Elles frappent par la variété de leurs styles, de leurs sujets, et par leur fraîcheur : on remarquera les deux petites scènes réalistes (*Consultation chez la magicienne* et *Musiciens ambulants*), signées Dioscourides de Samos, et les *Acteurs en scène* retrouvés à Pompéi dans la maison du Poète tragique *(salle 59)*. Les salles 60 et 61 abritent les mosaïques de la maison pompéienne du Faune (notez la frise à festons et masques), dont la **Bataille d'Alexandre**, qui décrit la victoire du roi de Macédoine sur le roi des Perses Darius avec un sens admirable du mouvement et de la profondeur (cheval vu de dos au 1er plan).

Argenterie, ivoires, terres cuites et verrerie★ – *Ouv. aléatoire.* Ici sont rassemblés des objets provenant principalement d'Herculanum et de Pompéi : trésor en argent retrouvé dans la maison de Ménandre à Pompéi, petits ustensiles d'ivoire, armes grecques et italiques, objets en verre, dont un **vase bleu★★** décoré de petits Amours et de scènes de vendanges.

PALAZZO E GALLERIA NAZIONALE DI CAPODIMONTE★★

D1 hors plan *Via Miano, 2 - ✆ 081 74 99 111 - www.polomusealenapoli.beniculturali.it- tlj sf merc. 8h30-19h30 (dernière entrée 18h30) - fermé 1er janv., 1er Mai et 25 déc. - 7,50 €. Visite : 2h.*

L'ancien **domaine royal★** de Charles de Bourbon, établi sur la colline de Capodimonte, est formé d'un palais massif et austère, bâti entre 1738 et 1838, et d'un grand parc où subsistent les restes d'une fabrique de porcelaine qui fut célèbre au 18e s. Le palais abrite une pinacothèque et les appartements royaux.

Pinacoteca★★ – La collection des Farnese, héritée des Bourbons et enrichie au fil du temps, constitue le noyau de la pinacothèque. La collection s'ouvre par la galerie Farnese, qui présente de célèbres portraits des principaux représentants de la famille, dont **Paul III avec ses neveux★★**, chef-d'œuvre de profondeur psychologique de **Titien**, peintre ici très présent.

Dans l'émouvante **Crucifixion★★★** de Masaccio, le personnage de Marie-Madeleine, vêtu d'un habit rouge feu

et tendant les bras vers la Croix dans un geste dramatique, est un parfait exemple du travail de perspective qui fit de Masaccio un précurseur de la Renaissance. La position rentrée de la tête du Christ n'est pas une erreur : le panneau, placé à l'origine au sommet d'un haut polyptyque, devait être vu d'en bas. Dans **la Transfiguration★★** de **Bellini**, l'utilisation de la lumière et des nuances produit une impression de sérénité qui baigne tout le paysage.
Le célèbre *Portrait de Fra'Luca Pacioli* est également exposé dans la section vénitienne. Parmi les maniéristes, on remarque Sebastiano del Piombo **(Portrait de Clément VII★)**, ainsi qu'un **Portait de jeune homme** de **Rosso Fiorentino**. Sérénité et douceur émanent de la petite toile du Corrège, les **Noces mystiques de sainte Catherine**, tout comme de la *Sainte Famille* du **Parmesan**, qui souligne ici le rôle primordial de la maternité : la figure de l'Enfant n'apparaît pas entièrement dans le tableau. Du même artiste, on admire aussi la *Lucrèce* et l'élégante **Antea★**. Remarquer des portraits du **Gréco** et **Danée et Éros★**, l'une des grandes versions d'un thème traité plusieurs fois par **Titien**. L'opulente princesse étendue sur sa couche reçoit une pluie d'or, en réalité Zeus métamorphosé. De cette union naîtra Persée. Dans la section flamande, on relève deux œuvres de **Pieter Bruegel**, *Le Misanthrope* et **La Parabole des aveugles★★**, illustrant la parole lancée par le Christ aux Pharisiens : « Laissez-les. Ce sont des aveugles qui guident des aveugles ». Le musée possède un très riche ensemble d'œuvres des **Carrache**.

Premier étage – **Appartements royaux**. Est ici exposé le célèbre **portrait de Maria Luisa di Parma**, sulfureuse reine de Naples, peint par **Goya**. Les appartements sont remarquables par la qualité du mobilier présenté, dont se détache notamment un **cabinet★** réalisé entre 1757 et 1759. Il est entièrement plaqué de porcelaine décorée de pampres et de scènes d'inspiration chinoise.
Deuxième étage – Les **tapisseries★**, réalisées à Bruxelles d'après des cartons de Bernard Van Orley, racontent la bataille de Pavie (1525), opposant Charles Quint à François Ier : un véritable traité en images de l'art de la guerre! Suit la galerie de peinture napolitaine. Figurent ici le **Saint Louis de Toulouse** de Simone Martini, le **Saint Jérôme dans sa cellule** de Colantonio, de très nombreux primitifs et peintures sur fond d'or, ainsi que la saisissante **Flagellation★★** du **Caravage**, œuvre particulièrement bien mise en valeur.
Troisième étage – Rarement ouvert, il est consacré aux collections du 19e s., à la photographie et à l'art contemporain.

Reggia di Caserta★★

Palais royal de Caserte

Pharaonique : tel est le premier mot qui vient à l'esprit à l'approche du gigantesque palais de Caserta, que Charles de Bourbon fit construire dans l'arrière-pays de Campanie, loin des trop vulnérables côtes napolitaines. La résidence royale, symbole du nouvel État Bourbon, entendait rivaliser avec Versailles et avec le palais royal de Madrid. Elle demeure l'incarnation même du rationalisme des Lumières : devant le palais, d'une rigoureuse symétrie, sertis dans le paysage naturel, des bassins jalonnés de fontaines dessinent un axe d'une rectitude implacable. Jusqu'à l'infini.

▶**Accès :** À env. 20 km au nord de Naples par l'A1. Trains fréquents depuis Napoli Centrale (terminus Caserta).
▶**Conseils :** Comptez 1/2 j. pour profiter des lieux ; prévoyez un panier pique-nique !

PALAIS★

Via Douhet, 22 - ✆ 0823 44 80 84 - www.reggiadicaserta.beniculturali.it - tlj sf mar. 8h30-19h30, fermeture de la billetterie à 18h45 - possibilité de visite guidée - 12 € palais et jardins, 9 € palais quand le parc est fermé. Navette en bus palais-jardin anglais : 2,50 € ; location de vélos simples (4 €/h) ou électriques (6 €/h) ; calèches (5 €/30mn, 10 €/50mn).
Voulu par Charles III de Bourbon, Caserta est en réalité un complexe monumental comprenant, outre le palais et son parc, une ville nouvelle au tracé ordonné et une manufacture royale de soie, dite du Belvédère, laquelle réclamait la présence d'eau à profusion. Le monarque choisit **Luigi Vanvitelli** pour mener à bien cet ambitieux projet. L'architecte opte pour un plan rigoureux et symétrique. Il dessine également le jardin qu'achèvera son fils Carlo. Si la pureté des lignes de l'édifice anticipe clairement le néoclassicisme, le décor intérieur, où éclatent le goût de l'apparat ou le style rocaille, s'inscrit encore dans la tradition du rococo.
L'édifice est un énorme bloc rectangulaire (249 m x 190 m) haut de 4 étages, doté de 34 escaliers et de 1200 pièces. L'ensemble s'articule autour de quatre cours intérieures et d'un magnifique **vestibule★**.
La façade qui accueille le visiteur présente un avant-corps à colonnes et une double rangée de fenêtres reposant sur des appuis à bossages ; la façade principale, côté jardin, reprend cet ornement, mais l'enrichit de pilastres au flanc de chaque fenêtre.
Le grand **escalier d'honneur★★**, impressionnant chef-d'œuvre de

Vanvitelli, donne accès au vestibule supérieur. À ce niveau s'ouvrent les appartements royaux et la **chapelle palatine**. La décoration de celle-ci, réalisée notamment par **Raphaël Mengs**, a été détruite lors des bombardements de 1943.

Les **appartements royaux**, meublés en style néoclassique, sont fastueux, à commencer par la salle dite d'Alexandre, ornée au plafond d'une fresque relatant le mariage du jeune roi de Macédoine avec Roxane, ou par une salle du Trône, resplendissante de dorures. On traverse ensuite les appartements de Joachim Murat et de Francesco II, déposé en 1861, date de la proclamation du royaume d'Italie.

L'**appartement du 18e s.** est très séduisant, avec ses chambres au décor peint évoquant chacune une saison (vues de ports par J.-P. Hackert). L'**appartement de la reine** est meublé dans un goût rocaille qui éclate au **cabinet de stucs★**, avec ses boiseries et ses miroirs. Dans la salle elliptique, la **crèche napolitaine★** serait la dernière réalisée au 18e s.

PARC★

Tlj sf mar. 8h30-2h av. coucher du soleil, visite guidée du jardin anglais à 10h, 11h et 12h.

Il incarne l'idéal du jardin à l'italienne, dominé par une perspective organisée autour d'un axe central. Les fontaines et les viviers sont alimentés par l'aqueduc carolin, œuvre pharaonique de Vanvitelli, qui traverse cinq montagnes et trois vallées sur une distance de 40 km. Parmi les différents groupes de sculptures aux thèmes mythologiques, remarquez celui d'**Éole** accompagné de ses Zéphyrs, en forme de scène de théâtre percée de cavernes, et l'éblouissant groupe de **Diane et Actéon**, au pied de la **grande cascade★★** (78 m de hauteur). Diane regarde d'un air impassible Actéon métamorphosé en cerf et déchiqueté par ses chiens.

À droite de la cascade s'ouvre le **jardin anglais★★** *(fermeture 1h avant le parc)* créé pour **Marie-Caroline d'Autriche** (1768-1814), épouse de Ferdinand IV, qui voua une haine implacable à la France et aux idéaux républicains après la mort de sa sœur Marie-Antoinette. Planté de grands arbres et d'essences variées, le parc ménage d'innombrables surprises : bain de Vénus, cryptoportique agrémenté de fausses statues antiques, canal sinueux, lac tapissé de nénuphars où s'élève une île... On y rencontrera aussi une serre du 18e s., une autre, monumentale et à l'abandon, du 19e s., ainsi qu'un grand édifice néoclassique dit « maison du jardinier » (1790).

Le golfe de Naples★★★

Du cap Misène à la presqu'île de Sorrento, le golfe de Naples décrit une immense courbe dominée par l'imposante silhouette du Vésuve et prolongée à l'ouest par les îles de Procida et d'Ischia, à l'est par celle de Capri. Même si la beauté de ses côtes, qui enchantait Goethe et charmait Lamartine, a été altérée par une urbanisation anarchique et par l'industrialisation, ses pics, ses caps, ses péninsules parlent encore à l'imagination des contemplatifs. Sans oublier les cités antiques lovées sous le Vésuve, qui semblent toujours défier le volcan assoupi.

▶**Accès : Pozzuoli**, M° Pozzuoli Solfatara (ligne 2) ou Cumana/Circumflegrea (départ de Montesanto ***D3***, arrêt Pozzuoli) ; **du Vésuve à Sorrento**, Circumvesuviana (départ de Napoli Centrale, arrêts à Ercolano Scavi et Pompéi (Vésuve), Torre Annunziata-Oplonti, Castellamare (Monte Faito), Vico Equense et Sorrento).

Carte du golfe dans le dernier rabat de couverture et plan de Sorrento p. 48.

▶**Conseils :** L'idéal est de disposer d'un véhicule. Évitez la période de juillet et août, lorsque la circulation est affolante et l'activité touristique intense ; préférez le printemps ou l'automne, juin et septembre étant les mois idéaux. *« Nos adresses » p. 71.*

POZZUOLI★

Fondée par les Grecs, Pozzuoli (d'où vient le nom *pouzzolane*, roche siliceuse d'origine volcanique utilisée dans la composition de certains ciments) fut aménagée en port maritime à l'époque romaine. Selon Vitruve, la ville était connue pour sa fabrique de bleu d'Alexandrie, aussi appelé « bleu de Pompéi ». Utilisé en peinture murale comme en mosaïque, le pigment était exporté jusqu'en Égypte.

Au cœur de la zone volcanique des champs Phlégréens, la ville souffre irrémédiablement des mouvements de la plaque tectonique qui affectent la région : le centre historique, Rione Terra, a été évacué en 1983. Il est progressivement restauré et remis en valeur pour en faire un musée à ciel ouvert.

Anfiteatro Flavio★★ – *Via Terracciano, 75 - ✆ 06 399 67 050 - www.coopculture.it - tlj sf mar. 9h-14h - 4 €.* L'un des plus grands amphithéâtres d'Italie (capacité de 40 000 spectateurs) date de l'époque de Vespasien (69-79). Bâti en brique et en pierre, il est assez bien conservé : on voit notamment ses enceintes, ses entrées et les **souterrains**★★ pratiquement intacts.

Tempio di Serapide★ – *En retrait de la via Roma, mêmes conditions de* *visite que l'amphithéâtre*. Il s'agit en fait de l'antique *macellum* (marché), établi près de la mer et entouré de boutiques. Dans une abside de la paroi du fond se trouvait autrefois la statue de Sérapis, dieu protecteur des commerçants. Les traces de corrosion marine, visibles sur les colonnes du pavillon central, prouvent qu'elles furent immergées jusqu'à 5,70 m de hauteur à certaines époques.

Tempio di Augusto★ – Au sommet de la ville, le temple date des premières années de l'Empire et a été transformé en église au 11e s. Dans les années 1960, un incendie a permis de retrouver des structures romaines : une grandiose colonnade de marbre surmontée d'un imposant entablement.

Solfatara★★ – *Via Solfatara, 161 - ✆ 081 52 62 341 - www.solfatara. it - avr.-oct. 8h30-19h, nov.-mars 8h30-16h30 - 7 €.* Il s'agit d'un ancien volcan éteint où subsistent néanmoins d'impressionnants phénomènes, tels que les fumerolles d'anhydride sulfureux dégageant une forte odeur et laissant des dépôts jaunes, des volcans en miniature crachant de la boue, et des jets de sable bouillonnant. Le sol, dont la surface est chaude, sonne creux quand on le frappe. Les émanations de soufre ont été utilisées dès l'époque romaine à des fins thérapeutiques.

LE VÉSUVE★★★

Indissociable du paysage napolitain, le Vésuve est l'un des rares volcans européens encore en activité. Il est formé de deux sommets : au nord le **mont Somma** (1132 m), au sud le Vésuve proprement dit (1277 m). Avec le temps, les matériaux éruptifs qui couvraient ses basses pentes se sont transformés en terres fertiles où croissent aujourd'hui des arbres fruitiers et des vignes produisant le fameux lacrima-christi. La zone est protégée depuis 1995 par un **Parc national** et classée réserve de biosphère par l'Unesco. La flore comprend près de mille espèces différentes, la faune une grande variété de papillons diurnes (44 espèces) et d'oiseaux (buses, éperviers, corbeaux impériaux, faucons pèlerins et crécerelles, etc.)

Les éruptions du Vésuve – Avant le séisme de 62 apr. J.-C. et l'éruption de 79 qui ensevelit Herculanum et Pompéi, le Vésuve semblait mort : des vignes réputées et des bois garnissaient ses pentes. Jusqu'en 1139, sept éruptions furent enregistrées, puis suivit une période de calme, au cours de laquelle la montagne se couvrit de cultures. Le 16 décembre 1631, le Vésuve eut un terrible réveil, détruisant toutes les habitations situées à son pied : 3000 pers. périrent. L'éruption de 1794 dévasta **Torre del Greco**, puis le volcan se manifesta à intervalles rapprochés tout au long de la seconde moitié du 19e s. Après celle de 1929, l'éruption de 1944 a modifié le profil du cratère. Depuis, hors une brève manifestation liée au séisme de 1980, quelques fumerolles s'échappent seulement du Vésuve. Il n'en demeure pas moins dangereux et surveillé en permanence. La prochaine éruption, certaine à 80 % au cours du 21e s.

selon d'éminents vulcanologues du monde entier, risque d'être violente, effet de la solidification de la lave dans le conduit menant à la bouche du volcan.

Ascension – *À partir d'Herculanum, avec retour par Torre del Greco : 27 km, plus 45mn à pied AR (chaussures de marche nécessaires). Parking payant à côté de la route ou à Herculanum; service d'autobus au départ des gares ferroviaires de Pompéi et d'Ercolano Scavi (8h-15h30, dernier retour à 17h40 - 10 € A/R; Campania Artecard non valable dans ce bus). - À partir de 9h - ✆ 081 77 75 720 ou 081 86 53 911 - www.vesuviopark.it - 10 €.*

Une route en bon état conduit au milieu des coulées de lave à un carrefour où l'on prend à gauche *(parking quelques kilomètres plus haut)*. Après avoir laissé la voiture, on gravit, par un chemin facile mais impressionnant, le flanc du volcan dans un décor plombé de cendres et de lapilli. Du sommet, on embrasse un immense **panorama★★★** sur toute la baie de Naples, avec les îles et la presqu'île de Sorrento au sud, le cap Misène au nord; au-delà se déploie le golfe de Gaeta.

Le cratère béant, de couleur rose, flamboie sous les rayons du soleil. Par l'ampleur de ses dimensions, l'aspect de désolation de ses parois en à-pic et les fumerolles qui s'en dégagent, il offre une vision inoubliable.

HERCULANUM★★

p. 50.

TORRE ANNUNZIATA

Depuis des lustres est établi ici le **Pastificio Fratelli Setaro**, l'un des grands fabricants de pâtes artisanales napolitaines. La ville a été recouverte sept fois par les laves du Vésuve. On y visite la somptueuse Villa di Oplontis, inscrite en 1997 au patrimoine mondial de l'humanité par l'Unesco.

Villa di Oplontis★★ – *Via dei Sepolcri - Torre Annunziata - ✆ 081 85 75 347 - www.pompeiisites.org - 8h30-19h30 (17h hors sais.), dernière entrée 1h30 av. la fermeture - 5,50 €, billet combiné avec l'antiquarium de Boscoreale et les villas de Stabies.*

Ce bel exemple de villa romaine suburbaine a peut-être appartenu à Poppée, l'épouse de Néron. Le vaste édifice comprenait une aile réservée aux domestiques (à l'est) et un secteur des appartements impériaux (à l'ouest). L'intégralité des très belles **fresques** de la villa a été conservée *in situ*. On peut admirer en particulier des perspectives avec des éléments architecturaux, des médaillons avec des portraits et des natures mortes, parmi lesquelles se détachent une corbeille de figues et des compositions de fruits (respectivement dans les deux espaces à l'est et à l'ouest de l'atrium, identifiés comme des tricliniums). En raison des nombreuses représentations de paons, on a pensé que le nom de la villa pouvait être lié à cet oiseau. On reconnaît aisément la cuisine (avec four et évier) et les latrines, qui présentent un système avancé d'écoulement et de chasse d'eau. Les locaux à l'ouest de la piscine, peut-être aménagés en serres, conservent de belles fresques avec des compositions florales et des fontaines.

POMPÉI★★★

p. 53.

MONTE FAITO★★

Accès depuis Vico Equense par une route panoramique ou depuis Castellammare di Stabia par un funiculaire partant de la piazza Circumvesuviana (trajet 10mn) - fermé oct.-mars - été : 7h30-19h15, 9h30-17h le reste de l'année - 8,20 € AR.
Il appartient au massif des **monts Lattari**, qui sépare le golfe de Naples de celui de Salerno et se termine par la presqu'île de Sorrento. Son nom lui vient des hêtres (*fagus* en latin) qui y procurent en été une agréable fraîcheur. Du belvédère dei Capi, on jouit d'une **vue**★★★ sur le golfe de Naples. De là, une route monte à la **chapelle San Michele** d'où l'on découvre un **panorama**★★★ incomparable : le contraste entre les paysages sauvages des monts Lattari et le spectacle riant offert par le golfe de Naples et la plaine du Sarno est stupéfiant.

VICO EQUENSE★

La petite station climatique et balnéaire occupe un site pittoresque sur un promontoire rocheux où les habitants de la région venaient se réfugier lors des incursions sarrasines. Dans le **centre historique**★, vous visiterez la **cathédrale**, exemple rare d'église gothique dans la région, et le **château angevin** qui se dresse au-dessus de la mer, entouré d'un splendide jardin. Du centre, un chemin descend aux **plages**★ de Marin di Equa, accessibles également de Seiano. Ne manquez pas non plus la **spiaggia della Tartaruga** *(plage de la Tortue)* au nord de Vico Equense.

SORRENTO★★

L'importante localité domine une vaste baie. D'exubérantes plantations d'orangers et de citronniers envahissent la ville et la campagne, tandis qu'hôtels et villas se dissimulent au milieu de jardins merveilleusement fleuris. Sorrento s'enorgueillit d'avoir vu naître, en 1544, le poète **Torquato Tasso**, connu sous le nom du **Tasse**.
Museo Correale di Terranova★ – *Via Correale 50 - ✆ 081 87 81 846 - www.museocorreale.it - mar.-sam. 9h30-18h30, dim. et j. fériés 9h30-13h30- fermé lun. - 8 €.* Installé dans un palais du 18e s., il abrite de remarquables pièces de marqueterie en mosaïque de Sorrento (secrétaire de 1910) et une petite collection archéologique ; au premier étage, mobilier des 17e et 18e s. et intéressantes peintures napolitaines (17e-18e s.). Deux salles sont consacrées aux paysagistes de l'**école du Pausilippe**, née vers 1830 et qui avait pour chef de file **Giacinto Gigante** (1806-1876). Au deuxième étage, collection de porcelaines et de majoliques. En traversant le jardin du musée, on parvient à un belvédère en terrasse qui dévoile une **vue**★★ magnifique sur le golfe.

Le centre historique – La via San Cesareo, *decumanus* de la ville romaine, conduit au **Sedile Dominova**, siège de l'administration urbaine à l'époque angevine, qui se présente comme une loggia ornée de fresques et surmontée d'une coupole en majolique du 17e s. En suivant la via San Giuliani, perpendiculaire, on atteint l'église baroque **San Francesco**, surmontée d'un campanile à bulbe et flanquée d'un ravissant **cloître★** du 13e s.. Ses chapiteaux décorés de motifs végétaux évoquent l'art byzantin, tandis que les arcs entrecroisés font penser à la Sicile. Juste à côté, les jardins de la **Villa Comunale** offrent un magnifique **point de vue★★** sur le golfe de Naples.

Museo Bottega della Tarsialignea★ – *Palazzo Pomarici Santomasi - via San Nicola, 28 - ✆ 081 87 71942 - www.alessandrofiorentinocollection.it - visite guidée (1h) 9h30-13h, 15h-19h (16h-20h en été) - fermé lun. et j. fériés - 8 €.* Installé à l'intérieur d'un palais du 17e s., ce centre est dédié à la **marqueterie sorrentine.** Dans le musée proprement dit, vous pourrez admirer, après une introduction historique, une remarquable collection de **pièces★** du 18e s., produites principalement par les trois plus fameux artistes locaux de l'époque, Luigi et Giuseppe Gargiulo, et Michele Grandville. L'école des arts appliqués installée sur place a restauré certaines de ces pièces. La boutique présente des œuvres contemporaines, de l'accessoire de maison au mobilier : portemanteaux, appliques, miroirs, tables, chaises, portes, boiseries, etc.

PENISOLA SORRENTINA★★

Quittez Sorrento par la route S 145 en direction de l'ouest et, à une bifurcation, prenez à droite la route de Massa Lubrense.

La petite route sinueuse qui, de Sorrento, permet de faire le tour de la presqu'île procure des vues magnifiques sur les collines verdoyantes, couvertes d'oliviers, d'orangers et de citronniers, auxquels se mêle la vigne ; celle-ci grimpe à l'assaut de curieux treillis, où sont empilées des nattes destinées à protéger les agrumes du froid de l'hiver.

De la **pointe du cap de Sorrento** *(accès à pied, à partir de l'église de Capo di Sorrento, par une route à droite puis, au-delà d'un collège, un chemin pavé ; 1h AR)* s'offre une **vue★★** sur Sorrento.

À **Sant'Agata sui Due Golfi**, bâti sur une crête qui domine les golfes de Naples et de Salerno, le **belvédère del Deserto** (monastère bénédictin à 1,5 km à l'ouest du village) délivre un splendide **panorama★★**. *✆ 081 87 80 199 - avr.-sept. : 10h-12h, 17h-19h ; reste de l'année : 10h-12h, 15h-17h.*

Après Sant'Agata, la descente vers Colli di San Pietro, extrêmement rapide, est spectaculaire.

De là, on peut revenir à Sorrento par la route S 163, afin de profiter de **vues★★** sur le golfe de Naples.

Herculanum★★

Fondée, d'après la tradition, par Hercule, cette ville romaine fut ensevelie, comme Pompéi, lors de l'éruption du Vésuve en 79 apr. J.-C. Les patriciens riches et cultivés l'avaient choisie comme lieu de villégiature en raison de la beauté de son site en balcon sur la mer et le golfe de Naples. Bien qu'inscrit au patrimoine mondial de l'Unesco depuis 1997, le site a souffert de dégradations justifiant la fermeture pour restauration de quelques-unes des plus belles maisons.

▶**Accès :** Circumvesuviana (départ : Napoli Centrale : arrêt Ercolano Scavi).
▶**Conseils :** Prévoyez une bonne demi-journée en venant de Naples. Attention, l'ombre est rare, sinon inexistante ! *« Nos adresses » p. 71.*

Visite : 2h. En raison d'importants travaux de restauration et de conservation (et de manque de personnel), plusieurs maisons décrites étaient fermées lors de notre passage, mi-2015 ; nous mentionnons seulement les plus belles d'entre elles. ☎ 081 85 75 347 - www.pompeiisites.org - avr.-oct. 8h30-19h30, nov.-mars 8h30-17h - 11 € ; billet combiné avec les sites de Pompéi, Oplontis, Stabies, Boscoreale 22 € (valable 3 jours consécutifs pour une entrée par site).

Herculanum est divisée en quartiers par trois voies secondaires *(cardo)* et deux voies principales *(decumanus).* La ville présente des types d'habitations très variés. En 79, le torrent de boue qui déferla sur la ville, rattrapa les habitants qui tentaient de fuir enroba et combla le moindre recoin de la cité. Le caractère particulièrement émouvant de la visite d'Herculanum est dû en grande partie à la soudaineté de cette coulée de boue : charpentes, poutres, escaliers, portes ou cloisons, brûlés à Pompéi, ont été conservés ici comme dans une carapace protectrice.

L'itinéraire de visite commence en bas du cardo III.

La **Casa dell'Albergo** est une vaste maison patricienne qui était sur le point d'être transformée en maison de location, d'où son nom de **maison de l'Auberge**. Ce fut l'une des plus dévastées par l'éruption.

La **Casa dell'Atrio a Mosaico★★** *(fermée en 2015)* doit son nom au pavement de son atrium, constitué d'une mosaïque en damier. La maison disposait d'une terrasse avec vue sur la mer.

Un treillage de bois *(graticcio)* forme la trame des murs de la **Casa a Graticcio★★** *(fermée en 2015)*. Il s'agit là du seul exemple de ce mode de construction qui nous soit parvenu de l'Antiquité. L'étage avec balcon pouvait accueillir plusieurs locataires.

Adjacente à la précédente, la **Casa del Tramezzo Carbonizzato★**, ou del **Tramezzo di Legno**, se signale par sa façade bien conservée. Elle

Mosaïque dans la Casa del Mosaico di Nettuno e Anfitrite.

constitue un bel exemple de demeure aristocratique capable d'accueillir plusieurs familles. Une clôture *(tramezzo)* de bois, dont subsistent seulement les parties latérales, séparait l'atrium du tablinum (salle de séjour).
Juste à côté, la **boutique du teinturier** conserve une intéressante presse en bois.
La **Casa Sannitica★★**, construite sur un plan sobre, typique des habitations samnites, possède un superbe **atrium** autour duquel court une galerie à colonnes ioniques. Les chambres sont décorées de fresques.
Datant de l'époque d'Auguste, les **thermes★★★** sont modestes mais très bien conservés. Leur plan, d'une logique distributive remarquable, permet de restituer d'abord le **bain des hommes** avec sa palestre, ses vestiaires et ses différents bains : froids (frigidarium), avec voûte ornée de fresques, tièdes (tepidarium) et chauds (caldarium). Dans le **bain des femmes**, on voit successivement la salle d'attente, le vestiaire (apodyterium) avec un pavement à mosaïque représentant Triton, le tepidarium, sur le sol duquel une mosaïque évoque un labyrinthe, et le caldarium.
La **Casa del Mosaico di Nettuno e Anfitrite★★** est complétée par une **boutique★** et son comptoir donnant sur la rue. Le nymphée est orné d'une mosaïque représentant Neptune et Amphitrite.
Tout de suite après, une cour à escalier et balcon de pierre tenant lieu d'atrium (au beau *cortile* qui désigne ce lieu) fait de la **Casa del Bel Cortile★** l'une des demeures les plus originales d'Herculanum.
Comme en témoigne une inscription, le **pistrinum★★** était la boulangerie d'un certain Sextus Patulus Felix : dans la boutique et l'arrière-boutique, on peut voir des moulins et un grand four.
La **Casa dei Cervi★★** *(fermée en 2015)*, riche maison patricienne, possédait une vue imprenable sur le golfe. Elle était abondamment décorée d'œuvres d'art, dont un groupe sculpté représentant des cerfs *(cervi)* assaillis par des chiens, et de fresques. Les plus précieuses d'entre elles sont conservées au Museo Archeologico Nazionale de Naples *(p. 36)*.
La visite se termine par les **Terme Suburbane★**. On peut également jeter un coup d'œil au **Teatro★** *(entrée par la via Mare, 123)* qui pouvait accueillir 2000 spectateurs, soit la moitié de la population estimée de la ville.
Après le cardo III, sous l'aire sacrée, un escalier mène à la plage antique et aux **arcades** *(i fornici)*, magasins portuaires ou abris pour embarcations qui ouvraient sur le littoral. En 1980, on a retrouvé les squelettes de 300 personnes venues se réfugier ici pendant l'éruption, tuées par les températures élevées des nuées ardentes. Une embarcation de 9 m de long a été découverte à proximité, avec les squelettes du rameur et d'un soldat.

Pompéi★★★

Pompéi, ville somptueuse ensevelie en 79 apr. J.-C. par une énorme éruption du Vésuve, constitue un document capital sur l'Antiquité. Par leur ampleur et leur variété, par la beauté du paysage environnant, les ruines de Pompéi procurent une vision grandiose et émouvante de ce que pouvait être une cité romaine à l'époque impériale. Comme Herculanum, Pompéi a été inscrite sur la liste du patrimoine mondial de l'Unesco en 1997.

▶**Accès :** Circumvesuviana (départ : Napoli Centrale; arrêt Pompéi).

Carte du golfe dans le dernier rabat de couverture.

▶**Conseils :** Compte tenu de l'étendue et de la richesse du site, commencez la visite dès le matin pour profiter des heures les plus fraîches de la journée (prévoir eau, chapeau et crème solaire). Le site dispose d'une cafétéria (près du forum). *« Nos adresses » p. 71.*

Visite : 1/2 j. minimum. Attention : certains sites décrits peuvent être fermés en raison du Grande Progetto Pompei, ambitieux chantier de restauration et de sauvetage lancé en 2012... voire du manque de personnel de surveillance. ✆ 081 85 75 347 - www.pompeiisites.org - avr.-oct. 8h30-19h30, nov.-mars 8h30-17h- 13 € (2 € avec la Campania Artecard) ; billet combiné avec les sites d'Herculanum, Oplontis, Stabies, Boscoreale 22 € (valable 3 jours consécutifs pour une entrée par site).

Pompéi surprend d'abord par l'ingéniosité de son urbanisme, liée à sa vocation commerciale. Il fallait pouvoir y circuler sans encombre, à pied ou en char. Les rues, larges et rectilignes, sont en pierres, certaines usées par les roues des chariots. Elles disposaient de trottoirs élevés pour faciliter l'écoulement des eaux de pluie. Disposés sur les voies, des blocs de pierre permettaient aux piétons de traverser sans fouler la chaussée salie par les déjections animales.

FORO★★★

C'était le cœur de la vie publique. On y célébrait les cultes, on y faisait du commerce, on y donnait enfin des spectacles et des jeux. Des principaux édifices publics, civils et religieux qui entouraient le forum, le plus vaste était la **Basilica**★★ (67 m sur 25), dédiée aux affaires commerciales et judiciaires. Le **Tempio di Apollo**★★, plus ancien temple de la ville (6e s. av. J.-C.), est orné de copies de statues d'Apollon et de Diane (originaux au Museo Archeologico Nazionale de Naples, *p. 36*). Au fond de la place, au nord, surgit le **Tempio di Giove**★★ (temple de Jupiter), le plus important de Pompéi (2e s. av. J.-C.). Le **Macellum** abritait le principal marché de la ville. Un élégant **portail★** à corniche mène à l'**Edificio di Eumachia** (édifice d'Eumachie).

FORO TRIANGOLARE★

Accès par la via dell'Abbondanza puis, à droite, la via dei Teatri.
Son petit temple dorique, dont les vestiges émergent du sol, témoigne de l'existence de la cité au 6e s. av. J.-C.

LES THÉÂTRES★★

Le **Teatro Grande★** (5e s. av. J.-C.), fut transformé sous Auguste et récemment enlaidi par injection de ciment. Il pouvait accueillir 5 000 spectateurs. D'une capacité de 800 personnes, le Teatro Piccolo ou **Odeon★★** (80 av. J.-C.) était couvert et réservé aux poèmes, aux concerts ou aux mimes. L'espace en contrebas encadré de portiques fit sans doute fonction de foyer puis de caserne de gladiateurs.

TEMPIO DI ISIDE★

L'un des lieux les plus poétiques de Pompéi est dédié à la déesse égyptienne Isis, dont le culte témoigne des contacts avec l'Orient et l'Égypte à l'époque hellénistique.

CASA DEL MENANDRO★★

Accès par le vicolo del Menandro.
Cette riche demeure patricienne conserve plusieurs fresques (représentations de la guerre de Troie dans la chambre donnant sur l'atrium) et un pavement de mosaïque.

LA VIA DELL'ABBONDANZA★★

Fermeture partielle de la rue en 2015.
Bordée de maisons, de boutiques et d'ateliers, elle est l'une des rues les plus évocatrices de la cité.

Les **Terme Stabiane★★★**, plus ancien établissement de bains de Pompéi (2e s. av. J.-C.), comprennent un **bain des femmes** (au fond à droite) et un **bain des hommes**.
Dans la **Fullonica Stephani★★** (blanchisserie de Stephanus), on nettoyait les étoffes neuves et les vêtements qui avaient déjà servi. Remarquablement restaurée, la maison annexée à la boutique du **Termopolio de Vetucius Placidius★** abrite de très belles fresques (*Enlèvement d'Europe* dans le triclinium).

ANFITEATRO★

La situation excentrée du plus ancien amphithéâtre romain conservé (80 av. J.-C.) évitait les nuisances liées à l'afflux d'environ 20 000 spectateurs ! La pyramide en bois dressée au cœur de l'esplanade abrite des expositions temporaires. Les athlètes s'entraînaient à côté, dans l'immense **palestre**. Faites ensuite un détour vers le sud par la **Necropoli★** de la Porta di Nocera et sa suite de tombeaux ordonnés le long de la route qui quittait la ville.

ORTO DEI FUGGIASCHI★

(Jardin des Fugitifs). Derrière une vitre ont été disposés les moulages de victimes ayant succombé à la pluie

Le forum et le Temple de Jupiter.
P. Svarc/imagebroker/age fotostock

de cendres tandis qu'elles cherchaient une issue. Un spectacle troublant.

LUPANARE

Revenir aux Terme Stabiane. Le vicolo del Lupanare donne accès à la plus grande des 25 maisons de prostitution que comptait la cité romaine. Remarquez les scènes érotiques au-dessus des portes. Des graffitis révèlent l'origine grecque ou orientale des prostituées.

AU NORD DE LA VIA DELLA FORTUNA★★★

Revenir au Foro, prendre vers le nord et dépasser le tempio di Giove, puis emprunter la via della Fortuna à droite.

Plus vaste maison de Pompéi (3000 m²!), la **Casa del Fauno★★** possédait deux atriums et des salles à manger pour chaque saison. Elle était décorée de mosaïques, dont la *Bataille d'Alexandre*, exposée au Museo Archeologico Nazionale de Naples (p. 36).
La **Casa dei Vetti★★★** *(en restauration en 2015)*, de l'autre côté du vicolo di Mercurio, est peut-être plus luxueuse encore. Elle appartenait à de riches commerçants, les frères Vettius. En attendant la fin de sa restauration, on se consolera en découvrant le décor de la **Casa del Principe di Napoli★** (maison du Prince de Naples), à l'arrière (animaux marins, scènes de chasse, et Bacchus et Vénus dans le triclinium).
Accessible par la via del Vesuvio, la **Casa degli Amorini Dorati★** (maison des Amours dorés) appartenait à la famille de Poppée. Le propriétaire, amateur de théâtre, a fait surélever une aile du péristyle à la façon d'une scène. À quelques mètres, la Casa dell'Ara Massima possède aussi des **peintures★** très bien conservées.
À l'ouest de la casa del Fauno, à l'angle de la via et du vicolo di Mercurio, la **Casa della Fontana Piccola** est l'archétype de la maison-atrium. Une merveilleuse **fontaine-nymphée★** tapissée de mosaïques se détache sur une fresque en forme de grand paysage agrémenté d'architectures.

PORTA ERCOLANO★★

La principale porte de la ville dispose de trois voûtes, la plus large pour les chars (au milieu), les deux autres pour les piétons.
La **via delle Tombe★★**, bordée de cyprès, témoigne de l'évolution des styles funéraires à Pompéi.

VILLA DEI MISTERI★★★

Fermeture partielle en 2015. Ses dépendances (à l'est) étaient notamment réservées à la production de vin et aux serviteurs. Dans la partie résidentielle (à l'ouest), d'un grand raffinement, la fresque de la salle à manger retrace les rites d'initiation d'une jeune épouse aux mystères dionysiaques, à moins qu'il ne s'agisse de simples préparatifs du mariage de la maîtresse de maison.
En sortant, la Strada provinciale Villa dei Misteri mène à la gare (600 m).

Les îles du golfe★★★

On a tout dit, tout écrit, tout chanté sur les îles de Capri, Ischia et Procida. Pourtant, en dehors de l'image strass et paillettes largement propagée par Capri et ses hôtes de marque, ces trois rochers de verdure coincés entre ciel et mer n'ont rien perdu de leur éclatante séduction. Le tout est de savoir éviter les itinéraires trop fréquentés.

▶**Accès :** Plusieurs compagnies assurent des liaisons régulières et fréquentes avec les îles, *encadrés p. 57 et 60.*

Carte du golfe et des îles dans le dernier rabat de couverture, carte de Capri p. 58 et carte d'Ischia p. 61.

▶**Conseils :** Il est tout à fait possible de passer la journée dans une île et de revenir le soir à Naples. L'hébergement est hors de prix à Capri, plus abordable à Ischia, et l'offre est limitée à Procida. De nombreux établissements ferment leurs portes hors saison, surtout à Ischia et Procida. *« Nos adresses » p. 71.*

CAPRI★★★

Résumer l'île à la ville de Capri, envahie par les touristes, à sa place et à ses quelques rues bordées de commerces élitistes serait dommage. Très vite, l'île déploie ses séductions : sentiers traversant la campagne odorante, villas enfouis sous une végétation luxuriante, à-pics vertigineux sur une mer bleu turquoise…

Capri★★★

Façades claires, placettes et ruelles étroites, la ville aux tonalités méditerranéennes mêle influences espagnole et arabe. Depuis le port de Marina Grande, le funiculaire ou le bus *(1,80 €)* conduisent **piazza Umberto I★**, noire de monde en été dès la fin de la matinée. Par la via Madre Serafina, voûtée, et par la via Castello, vous arriverez au belvédère

La traversée vers Capri

Liaisons *– En hydroglisseur de la Gescab (19 € aller simple ; 45mn), toutes les 30mn depuis Naples Beverello* **E6** *de 7h à 20h. En saison, pour éviter une longue attente à Capri, achetez votre billet de retour dès votre arrivée dans l'île (pas de vente de billets A/R à Naples ; guichets à droite du débarcadère de Marina Grande). Env. 6 dép./j. en aliscafo ou en ferry par la Caremar depuis Naples Calata Porta di Massa* **G4** *(11,20/16,30 € aller simple ; 50mn/1h30). Autres liaisons à partir de Sorrento, Ischia, Amalfi, Positano, Castellammare et Salerno.* ***Informations touristiques*** *– Bureau sur la jetée de Marina Grande - ✆ 0818 370 634 - www.capritourism.com - lun.-sam. 9h-13h, 15h-18h15, dim. et j.f. 9h-13h. S'enquérir ici des horaires de visite des monuments, très fluctuants.*

Punta del Cannone★★ *(20mn à pied)*, qui offre une vue vertigineuse sur la côte sud.

De la piazza Umberto I, on rejoint les petits **Giardini di Augusto**★ en quelques minutes par la via V. Emanuele. En contrebas, la **via Krupp**★, construite en 1902 par l'industriel allemand, déroule ses zigzags jusqu'à **Marina Piccola**. Dans la campagne se dessine la **Certosa di San Giacomo**, du 14e s. *(hiver : tlj sf lun. 9h-14h ; été : tlj sf lun. 9h-14h ; 17h-20h. 4 € ✆ 0818 376 218)*. L'ancienne chartreuse abrite un lycée et un musée dédié au peintre allemand Karl Wilhelm Diefenbach, proche du symbolisme.

L'excursion jusqu'à la **Villa Jovis**★★ *(45mn à pied du centre-ville par la via Tiberio. 10h-17h30 sf mar. - horaires fluctuants, fermé les mois d'hiver - 2 €. ✆ 0818 370 381)*, fierté de Tibère, élevée sur le promontoire oriental de l'île, est la plus belle promenade à faire à Capri. De l'esplanade de l'église Santa Maria del Soccorso, vue plongeante (nord-est) sur l'île et sur les golfes de Naples et de Salerno. De là, on peut descendre *(15mn par la via Lo Capo)* jusqu'à la **Villa Lysis** *(ouv. en principe mai-oct. tlj sf lun. 10h-18h - entrée libre - se rens. au préalable à l'office de tourisme)*, sorte d'ermitage romantique élevé en 1905.

L'**Arco Naturale**★ *(au sud de la Villa Jovis, accès de Capri par la via Matermania)* est le vestige d'une grotte paraissant suspendue au-dessus de la mer. De la Grotta di Matermania, en contrebas, un sentier descend vers la **Villa Malaparte** *(fermée au public)* - ancienne propriété de l'écrivain italien Curzio Malaparte (1898-1957), dont les lignes

J. Arnold/hemis.fr

La statue de l'empereur Auguste à Capri, Monte Solaro.

futuristes furent immortalisées dans le film *Le Mépris* de Jean-Luc Godard. Plus loin, du **Belvedere di Tragara★★**, s'offrent d'autres séduisants points de vue.

Anacapri★★★

Moins « bling-bling » que la capitale, la petite ville-rue est aussi plus attachante. La route qu'emprunte le minibus depuis Capri-ville, à flanc de montagne, dispense une vision vertigineuse sur le golfe de Naples, de Sorrente à Ischia. À la hauteur de la chapelle Sant' Antonio, elle croise l'« escalier phénicien », taillé dans la roche, autrefois seule voie de communication entre Anacapri et Marina Grande.

Dans le centre, la curieuse **Casa Rossa** *(via G. Orlandi, 78 ✆ 0818 382 193. avr-mai : 10h-17h ; juin-sept. : 10h-13h30 ; 17h30-20h, oct. : 10h-16h ; fermé lun. 3 €)* de style éclectique, a été édifiée par un colonel américain à la fin du 19e s. près d'une tour aragonaise. Le sol de l'église **San Michele** *(piazza San Nicola, ✆ 0818 372 396 avr.-oct. : 9h-19h ; reste de l'année : 10h-15h. 2 €)* figure, en **céramiques★**, le paradis terrestre (1761). La **Villa San Michele★★** *(accès par la piazza Vittoria - ✆ 0818 371 401, www.villasanmichele.eu. Nov.-fév. : 9h-15h30 ; mars : 9h-16h30 ; avr. et oct. : 9h-17h ; mai-sept. : 9h-18h ; 6 €)*, abrite un musée dédié à son bâtisseur, le médecin et écrivain suédois Axel

La traversée vers Ischia (et Procida)
***Liaisons** – Plus d'une dizaine de liaisons par jour en hydroglisseur (16,40/19,90 €) depuis Naples Beverello* **E6** *ou le port de Mergellina* **A8** *hors plan ; ferries de Naples Calata Porta di Massa* **G4** *ou Pozzuoli (11,20 €). Escale à Procida. Liaisons également à partir de Capri (18/19,50 €). **Informations touristiques** – Via Sogliuzzo, 72 - Ischia Porto - ☏ 0815 074 211/31 - www.infoischiaprocida.it - tlj sauf dim. en principe 9h-14h, 15h-20h.*

Munthe, amateur d'art et protecteur des oiseaux migrateurs de Capri. Du jardin, splendide **panorama★★** sur l'île et le Monte Tiberio (vers l'est).

Au départ de la piazza Vittoria, un télésiège donne accès au **monte Solaro★★★**. Du sommet (589 m), le panorama embrasse l'île et le golfe de Naples jusqu'aux monts du sud de la Calabre. On rejoint ensuite Anacapri à pied en 50mn, en passant par la petite vallée Santa Maria.

À 50mn à pied du centre d'Anacapri *(par la via Caposcuro)*, un sentier facile mène au **Belvedere di Migliera★** qui surplombe les précipices de la **Punta Carena★★** (du sommet de la falaise, superbe vue sur les Faraglioni et la calanque de la Grotte verte).

Sentiero dei Fortini★★
Sentier des Fortins. Env. 4/5h à pied. Retour en autobus ou taxi.

Le sentier serpente sur la côte ouest de l'île, entre la Punta Carena au sud *(voir itinéraire précédent)* et la Punta dell'Arcera au nord. Il traverse des paysages d'une rare beauté et croise plusieurs fortins construits pour se protéger des incursions des Sarrasins ; à l'époque napoléonienne, ils furent transformés en redoutes.

Tour de l'île en bateau★★★
1h30, de préférence dans la matinée. Dép. de Marina Grande - env. 18 €/pers.

La **Grotta Azzurra★★** ou Grotte bleue *(au nord-ouest. Tlj 9h-17h ; 4 €)*, est la plus célèbre des grottes marines de Capri. Le tour continue vers l'ouest, en passant par les calanques d'Orrico, Rio, Mesola, la Punta Carena, la Grotte verte, les Faraglioni, la Grotte merveilleuse et la blanche, avant de revenir à **Marina Grande**. Il est aussi possible de gagner la Grotte bleue par voie terrestre depuis Anacapri *(50mn à pied, 15mn en bus)* ; des services de petites embarcations sont ensuite proposés.

ISCHIA★★

Bien qu'assez urbanisée, la plus étendue des îles du golfe (46 km^2) est surnommée l'« île verte » en raison de son abondante végétation. Sur ses côtes alternent jolies plages, criques rocheuses et ports colorés, tandis que l'arrière-pays conserve une authenticité certaine. Enfant de la lave et de la mer, Ischia est née d'une éruption volcanique à l'ère tertiaire.

Ischia Porto et Ischia Ponte
À Ischia Porto, bordée de cafés et de boutiques, succède Ischia Ponte, à l'extrémité de laquelle le **Castello Aragonese★★** *(☏ 081 991 959 - www.*

castelloaragonese.it - avr.-août : 9h-19h30 ; reste de l'année : 9h-17h, 10 €, visite 1h30*)* se dresse sur un îlot rocheux. Du 15e s., le château entouré d'églises se tourne vers le golfe de Naples. Du sommet, superbe **panorama★★**.

Lacco Ameno

Sous l'église Santa Restituta *(piazza Restituta)*, des fouilles ont mis au jour une basilique paléochrétienne et une nécropole. Le **Musée archéologique** *(Museo Archeologico de Pithecusae - corso Angelo Rizzoli, 210 - ☏ 081 900 356 - www.pithecusae.it, tlj sf lun. 9h30-13h, 15h-19h ; 14h-20h en été ; 5 €)* retrace l'histoire de celle qui accueillit la première colonie grecque d'Ischia.

Forio

Les **jardins de la Mortella★★** abritent plus de 3000 espèces exotiques. Des concerts y sont organisés l'été *(Giardini La Mortella - via F. Calise, 39 ☏ 081 986 220 - www.lamortella.org - pâques-oct. : mar., jeu., sam., dim. 9h-19h - 12 €, 20 € avec concert)*.

La **Villa La Colombaia**, dans le bois de Zaro *(via F. Calise, 130 - ☏ 0813 332 147 - tlj sf dim. 9h30-12h30, 16h-19h30)*, abrite un petit musée dédié à Luchino Visconti, dont c'était la résidence de vacances.

Sant'Angelo★

Parking obligatoire à l'entrée du village.
Les maisons aux façades claires de l'ancien bourg de pêcheurs escaladent la colline en face de laquelle se dresse un promontoire rocheux.

Monte Epomeo★★★

1h30 à pied AR. Accès à partir de Fontana, à quelques mètres du jardin public. Du sommet du mont d'origine volcanique s'offre une vue panoramique sur l'île et le golfe.

Baignade à Ischia

Les plus belles plages se trouvent sur la côte ouest : **San Francesco** et **Citara★**, plus prestigieuse, occupée par un gigantesque établissement thermal, I Giardini di Poseidone, avec ses piscines disposées parmi les fleurs et les statues. **Marina dei Maronti★** (côte sud) a la faveur des Italiens.

PROCIDA★

La plus petite île du golfe de Naples (4 km²) ne cherche pas à plaire : elle y parvient tout naturellement. Ici, la vie reste rythmée, depuis toujours, par l'arrivée des bateaux.
Traversée : *voir Ischia p. 60.* Comptez 11,20 € en ferry (8,70 € depuis Pozzuoli) et 14,70 € en hydroglisseur.

Le port de Procida

Maisons aux teintes ocre, linge aux fenêtres, pêcheurs réparant leurs filets, restaurants étalant leurs terrasses : le port est à l'image de Procida, attachant, insensible au temps qui passe.

Terra Murata★

20mn à pied. Le bourg médiéval, avec son **château** élevé par les Aragonais au 16ᵉ s., a longtemps été l'unique zone habitée de l'île. Accroché à la roche, il domine la baie où se love le petit port de pêche de **Marina Corricella**, dont les maisons colorées à toit en terrasse semblent suspendues à la falaise. Comptez une petite heure pour flâner dans le bourg médiéval, avec ses églises, ses belvédères (**vues★** sur Capri et le golfe de Naples) et son **Abbazia di San Michele Arcangelo** *(via Terra Murata, 89 - ✆ 334 83 60 098 - nov.-mars : 10h-13h, 15h-17h, fermé lun. ; avr.-oct. : 10h-13h, 15h-19h ; fermé lun. apr.-midi - 4 €).* Construite vers le 10ᵉ s., remaniée aux 18ᵉ et 19ᵉ s., l'abbaye possède une grande église richement pourvue d'œuvres d'art, une bibliothèque contenant des manuscrits rares et deux chapelles souterraines décorées de fresques baroques ou de statues à la saveur populaire, l'une dédiée à saint Michel, l'autre à saint Alphonse. Après l'abbaye, longez la côte vers le sud pour rejoindre Marina Corricella en passant par la Punta dei Monaci.

Marina Corricella★

Immortalisé à l'écran par *Il Postino* (*Le Facteur*, avec Philippe Noiret) et *Le Talentueux Mr. Ripley* (remake de *Plein soleil*, avec Matt Damon et Jude Law), le petit port de Marina Corricella savoure sa célébrité avec humilité. Point de grands hôtels ni de complexes dévastateurs : seulement une poignée de restaurants, des petites barques et des maisons de pêcheurs à coupole

A. Capone/AGF RM/age fotostock

Le port de Procida.

ou terrasse, peintes en blanc, jaune, ocre ou rose. Rien ne semble avoir véritablement changé depuis l'époque où les jardiniers et les vignerons de l'île sont devenus marins pour écouler leur production.

Promenades à Procida

Les amateurs de criques et de panoramas marins iront à la **Punta del Pioppeto** (à l'ouest du port) et sur la côte est de l'île : **Punta Pizzaco** et **Punta Solchiaro**.

La vaste **Marina Chiaiolella★★**, dans le sud-ouest de l'île, coincée dans une anse harmonieuse, presque fermée, est un port de plaisance doublé d'un petit port de pêche (nombreux restaurants). À proximité, l'**isolotto di Vivara★**, relié à la terre ferme par un pont, possède une végétation de maquis typiquement méditerranéenne qui lui a valu d'être classé réserve naturelle.

Baignade à Procida

Les cinéphiles préféreront la **Cala del Pozzo Vecchio★★** (à l'ouest), surnommée « spiaggia del Postino ». La plage de **Ciraccio★**, au sud, est la plus grande et la mieux équipée de l'île. Elle attire de nombreux Napolitains le week-end. Sur la côte est, la magnifique plage de **Chiaia★★** est surfréquentée en période estivale, malgré la centaine de marches qui y mènent *(accès possible par bateau depuis Marina Corricella).*

La côte amalfitaine★★★

Comment résister au charme des petits villages suspendus entre ciel et terre de la côte amalfitaine, inscrite depuis 1997 au patrimoine mondial de l'Unesco? Sauvage et accidentée, piquetée de vignes, d'oliviers et envahie par une végétation luxuriante au sein de laquelle se cachent des villas de rêve, elle demeure synonyme d'une certaine dolce vita à l'italienne. Aujourd'hui, Positano, Amalfi ou Ravello attirent les foules et des visiteurs fortunés, fascinés par une nature généreuse et un décor sans fausse note.

▶**Accès :** Entre Positano et Salerno, la route en corniche suit les accidents du littoral. Bus réguliers depuis Salerno (2,20 €/45mn; 3,40 €/90mn; 6,80 €/24h; www.sitabus.it). En haute saison, privilégiez les déplacements en bateau (Salerno-Amalfi : 8 €; Salerno-Positano : 12 €; www.metròdelmare.it).

Plan p. 67.

▶**Conseils :** Évitez de venir en été, période pendant laquelle la corniche est souvent encombrée et les villages envahis de touristes. *« Nos adresses » p. 71.*

POSITANO★★

Une cascade de maisons accrochées à la roche, de couleurs et de lumière se jetant dans la mer... Voici Positano! Nombreux sont les artistes, tels Paul Klee, Cocteau ou Steinbeck, à avoir succombé au charme de cet ancien village de marins. Est-ce un hasard si Picasso se sentait chez lui parmi ces maisons cubiques? Aujourd'hui encore, Positano est la station la plus chic de la côte amalfitaine.
Après avoir flâné dans les ruelles, descendez en direction de la piazza Flavio Gioia, où se trouve la petite église **Santa Maria Assunta**, construite au 13e s. et remaniée à l'époque baroque. Remarquez la Madonna Nera et sa coupole recouverte de céramiques.

Ne partez pas avant de vous être baigné sur l'une des plages de Positano, comme la **spiaggia del Fornillo** (gardée par les tours Clavel et Fornillo) ou la fameuse **spiaggia Grande**. De là, des criques sont accessibles seulement en barque *(prévoyez masques et tubas, rarement fournis).*

VALLONE DI FURORE★★

Entre deux tunnels, la « gorge de la Fureur » est la plus impressionnante entaille de la côte, par la sombre profondeur de ses parois rocheuses resserrées et escarpées, par le mugissement d'une mer sauvage qui, les jours de gros temps, déferle avec force. Un bourg de pêcheurs s'est pourtant installé là, à l'endroit

Positano, ancien village de marins.

où débouche le lit d'un torrent. Les maisonnettes accrochées aux pentes et les barques de couleurs vives tirées sur la grève surprennent un peu dans ce paysage farouche.
Un sentier longeant l'un des côtés de la gorge permet de découvrir différents aspects du site ; à côté d'œuvres plus traditionnelles, on pourra admirer les **« murs d'auteurs »**, peintures et sculptures contemporaines en plein air évoquant l'histoire locale.

GROTTA DELLO SMERALDO★★

Accès par ascenseur depuis la route. ✆ 089 87 11 07 (Office de tourisme d'Amalfi)- www.amalfitouristoffice.it - 5 €. Accès également par bateau depuis le port d'Amalfi - 9h30-16h - 10 €.
L'eau de cette grotte marine, d'une transparence exceptionnelle, doit sa couleur émeraude à la réflexion indirecte des rayons du soleil. Paraissant à portée de main bien qu'à 10 m de la surface, le fond n'a pas toujours été recouvert par la mer, comme en témoignent les stalagmites surgissant curieusement de l'eau ; son immersion résulte du lent mouvement d'affaissement de la croûte terrestre.

AMALFI★★

Juchées sur les pentes d'un vallon face à une mer d'un bleu intense, ses hautes maisons blanches composent un **tableau★★★** merveilleux. Amalfi jouit en outre d'un climat très agréable, d'où son succès auprès des vacanciers.

Centro storico★ – Depuis la piazza del Duomo, la via Genova, la via Capuano (son prolongement) et la **via dei Mercanti** (parallèle sur la droite) forment le **centre historique★** et commerçant de la ville, pittoresque avec ses façades toutes différentes, ses balcons et ses niches fleuries. Ruelles, petits escaliers et passages voûtés débouchant sur des placettes ornées de fontaines constituent autant d'éléments urbanistiques inspirés du modèle arabe.
Duomo di Sant'Andrea★ – *✆ 089 87 13 24 - visite du cloître du Paradis et du Musée diocésain avr.-oct. 9h-19h ; nov.-24 déc. et mars 10h30-15h30, 26 déc.- 6 janv. 9h-19h - fermé 25 déc., 7 janv. à fin fév. - 3 €.* Fondée au 9e s., agrandie aux 10e et 13e s., puis maintes fois transformée, la **cathédrale** témoigne du goût des cités maritimes pour la splendeur orientale. La façade, refaite au 19e s. sur le modèle de l'ancienne, s'élève au sommet d'un imposant escalier. Elle se signale par son appareil de pierres polychromes formant des motifs géométriques variés. À gauche, le campanile est le seul élément subsistant de la construction d'origine. Un vaste atrium précède l'église dans laquelle on pénètre par une **porte★** de bronze (11e s.) provenant de Constantinople. L'intérieur, de style baroque, comporte deux colonnes antiques, deux candélabres et deux ambons du 12e s.
Par l'atrium, on pénètre dans le **cloître du Paradis★★**, bâti en 1268, où se mêlent l'austérité romane et la fantaisie arabe, et dont les galeries

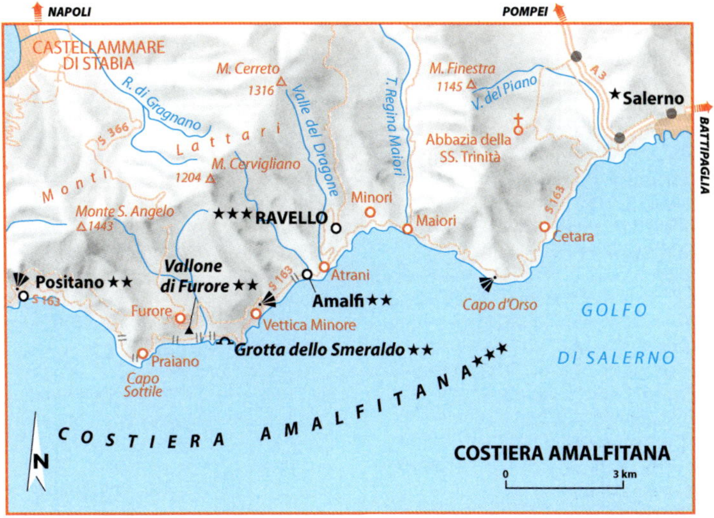

abritent quelques beaux sarcophages. Le **Musée diocésain** est installé dans la basilique du Crucifix, correspondant à l'ancienne cathédrale du 9e s. Faisant autrefois partie de l'édifice principal, puis transformée dans le style baroque, elle a retrouvé ses formes romanes d'origine (remarquez la tribune ornée de fenêtres géminées ou simples, ainsi que les chapelles contenant des restes de fresques). Depuis la basilique, on accède à la crypte : elle renferme les reliques de l'apôtre saint André, transférées de Constantinople à Amalfi en 1206.

Museo della Bussola e del Ducato Marinaro – *✆ 089 87 11 70 - tlj sf lun. 11h-18h - fermé en fév. - 2 €.* Le « musée de la Boussole et du Duché marin d'Amalfi » occupe deux salles voûtées de l'ancien arsenal, symbole de la puissance marine de la cité. Une large place est consacrée à la collection de boussoles, instrument popularisé par l'Amalfitain **Flavio Gioaia** au début du 14e s. (sans en être l'inventeur) et utilisé alors par la flotte du duché. Cartes, livres anciens, monnaies, sculptures et tenues d'apparat illustrent le riche passé de la ville.

RAVELLO★★★

Suspendue entre ciel et mer, Ravello accroche ses ruelles, ses escaliers et ses passages voûtés à une colline, composant un **site**★★★ inoubliable. Au cours des siècles, sa sobriété tout aristocratique attira artistes,

musiciens et écrivains, parmi lesquels le Bloomsbury Group de Virginia et Leonard Woolf, D. H. Lawrence, Graham Greene, Gore Vidal, Escher ou Miró.
Pour cette ville inoubliable qui séduisit Richard Wagner, le grand architecte brésilien **Oscar Niemeyer** (1907-2012) a conçu un élégant **auditorium** inauguré en 2010.
Villa Rufolo ★★★– *Piazza Duomo - ✆ 089 85 76 21 - www.villarufolo. it - 9h-20h - 5 €.* Bâtie au 13ᵉ s. par les Rufolo, riche famille de Ravello citée par Boccace dans le *Décaméron*, elle servit de résidence à plusieurs papes, à Charles d'Anjou et, en 1880, à **Richard Wagner**, qui, en quête d'inspiration pour *Parsifal*, se serait exclamé à la vue du splendide jardin de la villa : « J'ai trouvé le jardin de Klingsor ! » On y pénètre par une belle allée ombragée ; après la tour gothique, on parvient au « cloître mauresque » aux arcatures entrecroisées surmontées d'entrelacs, forme décorative fréquente dans la Sicile normande. Une puissante tour, également du 11ᵉ s., domine les jardins somptueusement fleuris et l'architecture tout en décrochements de l'élégante villa. Des terrasses, **panorama**★★★ sur des sommets découpés jusqu'au cap d'Orso, sur la baie de Maiori et le golfe de Salerno. Au premier plan : les coupoles de l'église de l'Annunziata.
En été, les jardins sont le lieu idéal pour des concerts, avec pour coulisses le décor incomparable des arbres, des fleurs et de la mer. *Pour toute information, contactez la Società dei Concerti di Ravello - ✆ 089 84 24 082 - www. ravelloarts.org.*
Duomo – Fondée en 1086 et transformée au 18ᵉ s., la cathédrale conserve son campanile du 13ᵉ s. et une splendide **porte de bronze**★ (1179) signée Barisanus de Trani, fondeur et bronzier qui travailla également à la cathédrale de Monreale, en Sicile. La nef centrale, dont les colonnes antiques ont été dégagées, est dotée d'une magnifique **chaire**★★ couverte de mosaïques à motifs et animaux fantastiques d'une extrême variété (1272). À gauche, un élégant **ambon** du 12ᵉ s. est orné de mosaïques vertes représentant Jonas avalé et recraché par la baleine. Dans la crypte, un petit **musée** réunit des fragments de sculptures, des mosaïques et une **tête-reliquaire** en argent contenant les reliques de sainte Barbe. *✆ 089 85 83 11 - www. chiesaravello.com - 2 €.*
À gauche de la cathédrale, la Cameo Factory abrite un minuscule **musée du Corail** présentant des pièces de grande valeur artistique, dont une précieuse tabatière incrustée de camées.
San Giovanni del Toro – La rue du même nom, le long de laquelle se découvre sur la droite un **belvédère**★★, conduit à cette belle église du 11ᵉ s. À l'intérieur, les arcades reposent sur des colonnes antiques. Remarquez ici la **chaire**★ du 11ᵉ s. richement décorée, un sarcophage romain *(collatéral droit)* et des fresques du 14ᵉ s. *(abside et crypte)*.
Villa Cimbrone ★★– *✆ 089 85 80 72 - www.ravellotime.it - 9h-20h (hors sais. : 9h-1h av. le coucher du soleil) - 6 €.*

En passant sous le porche gothique du couvent San Francesco, une **ruelle★** conduit de la piazza Vescovado à la Villa Cimbrone, construite au début du 20e s. par un politicien anglais, Ernest William Beckett, baron de Grimthorpe. Le style de l'édifice est éclectique : comme une sorte d'hommage à l'histoire de Ravello, il évoque à la fois San Francesco et la Villa Rufolo. Ici se réunissaient, autour de Virginia Woolf, les romanciers et essayistes britanniques du groupe de **Bloomsbury**, très actif dans les années 1920, auxquels se joignirent ensuite des artistes et des intellectuels. À l'entrée de la villa, aujourd'hui transformée en hôtel de luxe, s'ouvrent sur la gauche un magnifique cloître et une salle aux voûtes en ogive. Une grande allée traversant les splendides jardins mène au belvédère dont la terrasse est jalonnée de bustes de marbre : de là s'offre un **panorama★★★** vertigineux sur les collines couvertes de cultures en terrasses, sur Maiori, le cap d'Orso et le golfe de Salerno.

SALERNO★

Le long de la courbe harmonieuse de son golfe, Salerno conserve un quartier médiéval, sur les pentes d'une colline couronnée d'un château.

Du **lungomare Trieste★**, belle promenade agrémentée de palmiers et de tamaris, on découvre une large vue sur le golfe.

Duomo ★★– *8h30-18h45. Laissez une offrande.* Dédiée à saint Matthieu, dont le corps se trouve dans la crypte, la cathédrale fut construite sous l'impulsion du Normand Robert Guiscard, conquérant de la Sicile, et consacrée par le pape Grégoire VII en 1085. Elle a été remaniée au 18e s. et fortement ébranlée par le séisme de 1980.

On parvient à la porte des Lions (11e s.) par un escalier. L'**atrium** carré à appareil de pierres polychromes, colonnes antiques et arcades précède l'église proprement dite ; à droite, **campanile★** carré de style arabo-normand, du 12e s., coiffé d'un édicule rond à coupole. Les **portes de bronze★** (11e s.) du portail central proviennent de Constantinople. À l'intérieur, deux imposants **ambons★★**, richement ornés de mosaïques, reposent sur de fines colonnes à chapiteaux merveilleusement sculptés. Avec le **chandelier pascal** et l'élégante **iconostase** fermant l'arrière-chœur, ils forment un ensemble exceptionnel (12e-13e s.). Dans l'abside de droite s'ouvre une chapelle où les croisés venaient faire bénir leurs armes. Sous l'autel, tombeau de Grégoire VII, mort en exil à Salerno. Dans le bas-côté gauche, tombeau (15e s.) de Marguerite de Duras (Durazzo), femme de Charles III d'Anjou.

Museo Archeologico – *✆ 089 23 11 35 - tlj sf lun. 9h-19h30 - 4 €.* Dans l'agréable ensemble de San Benedetto, il rassemble des vestiges de la préhistoire à la dernière époque impériale, dont une admirable **tête d'Apollon★** en bronze (1er s. av. J.-C.) et une belle collection d'ambres préromains.

Nos adresses

Se restaurer 72
Prendre un verre 79
Shopping 82
Sortir 86
Se loger 88

Pizza Margherita.
Food Collection/hemis.fr

Se restaurer

Les restaurants de haut de gamme se concentrent en bord de mer, de part et d'autre du Castel dell'Ovo, ainsi que dans le quartier huppé de Chiaia. Spaccanapoli est réputé pour ses pizzerias et pour ses échoppes proposant de la *street-food* typiquement napolitaine. Les snacks bon marché pullulent du côté de la gare.

Bon à savoir – De nombreuses *trattorie* et *osterie* ferment plusieurs jours au mois d'août. Leurs dates de congés annuels étant fluctuantes, il est bon de se renseigner au préalable.

Repérez les adresses sur le plan détachable (à l'intérieur de la couverture) grâce aux pastilles numérotées (ex. 1). Les coordonnées en rouge font référence à ce même plan. Les adresses peuvent également apparaître sur le plan de quartier (Spaccanapoli), auquel cas nous vous l'indiquons.

« En savoir plus, Saveurs napolitaines », p. 126 ; « Votre séjour de A à Z, Restauration », p. 102.

NAPLES

SPACCANAPOLI

Plan de quartier p. 16

Moins de 20 €

1 **Antica Pizzeria Da Michele** – **G2** - *Via Cesare Sersale, 1/3 - ✆ 081 55 39204 - www.damichele.net - fermé dim. et 15 j. en août - 5/10 € -* ⊄. Dans cette adresse populaire et authentique, les amateurs de pizza se donnent rendez-vous pour savourer, à toute heure, la margherita ou la marinara. Queue pratiquement inévitable !

13 **Decumano 31** – **F3** - *Via San Biagio dei Librai, 31 - ✆ 334 22 66 769 – tlj. 3,50/7 € -* ⊄. Vaste choix de *street-food* à déguster dans la ruelle. La *piadina con pollo e peperoni*, crêpe fine au poulet et aux poivrons, calmera une petite fringale. Accueil très sympa.

14 **Il Cuoppo** – **F3** - *Via San Biagio dei Librai, 23 – ✆ 348 02 64 114 – www.ilcuoppo.it - tlj. 5/10 € -* ⊄. La tradition du *cuoppo*, fleuron de la *street-food* napolitaine, cône en papier rempli de toutes sortes de fritures, revit dans cette minuscule échoppe. À savourer sur l'une des petites tables dressées au bord de la ruelle.

15 **Il Figlio del Presidente - L'Originale** - **F2** - *Via Duomo, 181 – ✆ 081 03 30 913 - www.ilfigliodelpresidente.it - 10 €.* Impossible de manquer la devanture colorée de ce spécialiste de la pizza depuis des générations ! Service efficace et bon accueil.

2 **Pizzeria Di Matteo** – **F2** - *Via Tribunali, 94 - ✆ 081 45 52 62 - www.pizzeriadimatteo.com - fermé dim. - 10/15 € -* ⊄. Il y a quelques années, elle a accueilli Bill Clinton ! Mais d'autres célébrités, parmi lesquelles le grand Mastroianni, avaient avant

lui goûté aux délicieuses pizzas préparées dans cet endroit tout simple. Des prix imbattables et un service très rapide.

(3) **Gino Sorbillo** – ***E2*** - *Via Tribunali, 32 - ☎ 081 44 66 43 - www.sorbillo.it - fermé dim. - 4/15 €.* Comme le précise fièrement le menu, le jeune et enthousiaste Gino Sorbillo vient d'une « vieille famille où l'on est pizzaiolo de père en fils ». L'étoile de la pizza napolitaine a ouvert (16) **Sorbillo Lievito Madre al Mare**, en bord de mer (***D7***- *Via Partenope, 1 - ☎ 081 19 33 12 80*), axé sur le bio, l'utilisation d'ingrédients triés sur le volet, et la redécouverte, notamment, de plantes et de légumes anciens. L'endroit, en dépit de ses plusieurs salles, ne désemplit pas !

De 20 à 30 €

(4) **Ecomesarà** – ***E4*** - *Via S. Chiara, 49 - ☎ 081 19 25 93 53 - www.ecomesararistorante.it - fermé lun. - 20/25 € -* . Trattoria façon bistro au cœur de Spaccanapoli, où ce qui compte est la cuisine et non le décor. Plats savoureux, relevés d'une petite touche d'originalité, utilisant des ingrédients de saison et du cru. L'un des rares authentiques restaurants de Spaccanapoli.

(5) **Un Sorriso Integrale** – ***E3*** - *Vico S. Pietro a Majella, 6 - ☎ 081 45 50 26 - www.sorrisointegrale.com - 25/30 €.* Un agréable restaurant végétarien aux compositions savoureuses, situé au fond d'une cour. Brocolis au citron, paupiettes de choux, crêpes à la ricotta et aux épinards, le tout à base de produits biologiques.

LE CENTRE MONUMENTAL

Moins de 20 €

(17) **Antica Pizza Fritta da Esterina Sorbillo** – ***E6*** - *Piazza Trieste e Trento, 53 - ☎ 320 65 38 810 - 11h-23h - 3,50/5 € -* . Pas de table ni de possibilité de s'asseoir, seulement un attroupement devant le minuscule temple des sectateurs de la *pizza fritta*, pizza frite farcie de délicieux ingrédients. Tentez la pizza secrète *(pizza segreto)*.

(6) **Trattoria Casillo** – ***D4*** - *Vico Rosario a Porta Medina, 25 - ☎ 081 19 91 47 57 - fermé le soir, le dim. et 2 sem. en août - 10/15 € -* . Bien cachée tout au bout de la via San Liborio (depuis la piazza Carità), cette trattoria rustique, signalée uniquement par une branche d'olivier au-dessus de l'entrée, propose une cuisine simple, populaire et savoureuse.

(7) **Valù** – ***D5*** - *Vico Lungo del Gelso, 80 - ☎ 081 03 81 139 - www.valu.it - fermé dim. - 10/20 €.* Signalée par une grande porte en verre originale, cette adresse branchée située à deux pas de la via Toledo est spécialisée dans les risotto et les grillades. Agréable salle aménagée de banquettes, avec boiseries, haut plafond et jolie cuisine ouverte.

(8) **Antica Capri** – ***D5*** - *Via Speranzella, 110 - ☎ 081 03 83 486 - www.anticacapri.it - fermé jeu. et dim. soir - 15 € -* . Trattoria vraiment typique des *quartieri Spagnoli* proposant une cuisine familiale au rapport qualité/prix imbattable. Essayez les délicieuses pâtes aux fruits de mer et les excellents cannoli siciliens.

18 **Trattoria da Ettore** – ***D6*** *-Via Gennaro Serra, 39 - ✆ 081 76 43 578 - fermé dim. soir, lun. soir et en août - 20/25 €.* Petite trattoria où le patron énumère les plats de vive voix, à l'ancienne. Cuisine napolitaine de qualité, évoluant au gré des saisons et des arrivages du marché. Réservation impérative.

CHIAIA/LUNGOMARE

Moins de 20 €

Friggitoria Mediterranea – ***Hors plan par A8*** *- Via Mergellina, 16 – ✆ 333 994 58 14 – fermé lun. 10-15 € -* . Une vingtaine de couverts à peine pour déguster un excellent *fish'n chips* ou autres plats de poissons toujours très frais. Accueil charmant. Pas de café en fin de repas.

Pizzeria La Notizia – ***Hors pl. par A5*** *- Via Michelangelo da Caravaggio, 94A - ✆ 081 71 42 155 - www.pizzarialanotizia.com - fermé lun. - Ouvert à partir de 19h30 - 10/15 € -* . L'établissement, très excentré, d'Enzo Coccia, le « pape de la pizza napolitaine ». Le maître, par ailleurs à la tête d'une école de formation, réalise 80 *pizzas* chaque soir. Pas une de plus !

De 20 à 30 €

11 **Antica Latteria** – ***C6*** *- Vico II Alabardieri, 30 - ✆ 081 01 28 775 - www.anticalatteria.it - 20/25 €.* Cette ancienne laiterie propose une cuisine traditionnelle pleine de saveurs et bien présentée, à déguster dans un cadre simple et reposant, au cœur du quartier enfiévré des bars. Buffet du jour, gambas au pesto, baba léger, etc. Bonne sélection de vins régionaux.

20 **Sciosciò** – ***E8*** *-Via Eldorado, 14 – ✆ 081 764 15 78 - 20/25 €.* Petit restaurant à l'écart des luxueux établissements donnant sur le port de plaisance, qui fait aussi point Internet et loue des vélos. Pas de carte : il faut se laisser aller de (bonne) en (bonne) surprise, savourer les plats en profitant de la nonchalance méridionale ambiante et d'un cadre d'une désarmante simplicité. Accueil souriant et amical.

10 **Trattoria Castel dell'Ovo** – ***E8*** *- Via Luculliana, 28 - ✆ 081 76 46 352 - fermé jeu. - 20/30 €.* L'atout maître de cette trattoria aux tables installées au bord de l'eau reste le cadre. Pour une soirée romantique, en compagnie des bateaux amarrés au port et des bruits étouffés de l'animation de la via Partenope.

VOMERO

Moins de 20 €

12 **L'Angolo del Paradiso** – ***B3*** *-Via Michele Kerbaker, 152 ✆ 081 55 67 146 - www.pizzerialangolodelparadiso.it - fermé lun. - 10/25 €.* Petit établissement à la déco de bois sombre d'un autre temps, présidé par Laurel et Hardy et par une vue du golfe de Naples aux couleurs criardes. Clientèle d'habitués et de gens du quartier venant déguster d'excellentes pizzas ou les classiques italiens et napolitains.

21 **Osteria Donna Teresa** – ***B4*** *-Via Michele Kerbaker, 58 - ✆ 081 55 67 070 – fermé dim. – 20 €.* Salle minuscule sans décor superflu pour découvrir la cuisine napolitaine dans toute son authenticité. Réservation impérative.

Amalfi, restaurant sur la piazza del Duomo.

RISTORANTE
PIZZERIA
S. ANDREA

LE GOLFE DE NAPLES

Plan du golfe dans le dernier rabat de couverture

BACOLI

À environ 9 km au sud-ouest de Pozzuoli.

De 30 à 50 €

A Ridosso – *Via Mercato di Sabato, 320 (dir. Pozzuoli) - ✆ 081 86 89 233 - www.ristorantearidosso.com - fermé le midi sf dim., dim. soir et 15 j. en août. 35/50 €.* Un agréable restaurant à l'atmosphère intime et élégante. Saveurs de la mer, dans le respect des traditions locales.

HERCULANUM

Moins de 20 €

Viva lo Re – *Corso Resina, 261 - ✆ 081 73 90 207 - www.vivalore. it - fermé lun. 15/20 €.* Un restaurant-bar à vins à quelques centaines de mètres des ruines par le Corso Resina, avec antipasti et plats de pâtes, à accompagner d'un bon vin.

POMPÉI

Moins de 20 €

Add'ù Mimi – *Via Roma, 61 - ✆ 081 86 35 451 - www.addumimi.it - fermé vend. et le dim. soir - 15/20 €.* À quelques pas de l'entrée est du site archéologique, une des plus anciennes *trattorie* de la ville, spécialisée dans les grillades : veau, saucisse, poisson du jour, etc. Beaux paniers de fruits.

SORRENTE

Plan de Sorrente ***p. 48***

De 45 à 60 €

1 **L'Antica Trattoria** – *Via Padre R. Giuliani, 33 - ✆ 081 80 71 082 - www.lanticatrattoria.com - fermé mi-janv.-fév, lun. en nov.-mars. 20/60 €. Abordable pour le déj. en sem. (menu à 20 €).* Le top de la gastronomie italienne, avec une nette orientation vers une cuisine de la mer. Clientèle élégante, service attentionné et agréable terrasse.

SANT'AGATA SUI DUE GOLFI

Plus de 70 €

Taverna del Capitano – *Piazza delle Sirene, 10/11 - Marina del Cantone - 8 km au sud-ouest de Sant'Agata sui Due Golfi - ✆ 081 80 81 028 - www. tavernadelcapitano.com - fermé lun. et mar. d'oct. à mai et le lun. en saison. 70/100 €.* Salle sobre et élégante, avec d'immenses baies vitrées donnant sur la mer qui en étendent la profondeur jusqu'à l'horizon; les saveurs proposées sont typiquement méditerranéennes, basées sur la qualité des matières premières, et en tout premier lieu celle du poisson. Le bon goût et le soin des détails caractérisent également les chambres adjacentes.

CAPRI

Moins de 20 €

Pulalli Wine Bar – *Piazza Umberto I -* **Capri** - *✆ 081 83 74 108 - fermé mar. et de nov. à Pâques. 10/20 €* En descendant les escaliers qui longent l'office de tourisme, vous découvrirez les petites tables posées sur la terrasse panoramique de ce joli bar à vin. L'intérieur, moderne et raffiné, est également très agréable. Vous pourrez y consommer d'excellents vins et un large choix de plats, ou simplement un casse-croûte.

De 20 à 40 €

Angolo del Gusto– *Via Boffe 2,* **Anacapri** - *081 83 73 467 - www.angolodelgusto.it - avr.-oct. 25 €.* Petit restaurant familial proposant une cuisine traditionnelle à déguster sur la place principale d'Anacapri, sur une terrasse improvisée au bas de l'église. Accueil francophone.

Verginiello – *Via Lo Palazzo, 25/a -* **Capri** - *081 83 70 944 - www.ristorantepizzeriaverginiellocapri.it - fermé 2 sem. en nov. 30/40 €.* Aux portes de Capri, une grande terrasse et une véranda font face à la mer et aux falaises de Marina Grande. Un endroit simple et familial, tenu par des hôtes sympathiques qui vous proposeront une cuisine à base de produits de la mer à des prix très intéressants.

ISCHIA

Moins de 20 €

Da Ciccio– *Via Luigi Mazzella, 32 -* **Ischia Ponte** - *081 99 16 86 - www.bardaciccio.it. 10/15 €.* Adresse sans prétention, à prix raisonnables, où l'on parle le français, pour se sustenter avant la visite du Castello Aragonese.

De 20 à 30 €

Trattoria da Peppina di Renato – *Via Montecorvo, 42 -* **Forio** - *081 99 83 12 - www.trattoriadapeppina.it - fermé le midi (sf dim.), dim. soir et merc. 25/30 €.* Une fois remontée la ruelle étroite et tortueuse, vous serez récompensé par une vue spectaculaire sur la mer. À l'ombre d'une tonnelle, assis sur de drôles de petits canapés en fer forgé, vous apprécierez une savoureuse cuisine maison.

De 30 à 50 €

Il Saturnino – *Via Marina -* **Forio** - *081 99 82 96. - fermé mar. sf été et fin déc-déb. janv; ouv. seult en fin de sem. de nov.-mars.* Une situation stratégique pour déguster une délicieuse cuisine méditerranéenne et des poissons préparés avec subtilité.

PROCIDA

De 20 à 60 €

Gorgonia – *Località Marina Corricella - 081 81 01 060 - ouv. avr.-oct. et le w.-end en mars-nov.; fermé lun. (sf juil.-août). 21/60 €.* Cuisine faisant la part belle aux poissons à savourer sur l'une des baies les plus romantiques d'Italie. Réservation vivement conseillée.

LA CÔTE AMALFITAINE

POSITANO

De 30 à 45 €

La Taverna del Leone – *Via Laurito, 43 (sur la route nationale, à 3 km à l'est du centre) - 089 87 54 74 - www.*

latavernadelleone.com - fermé mar. - 30/45 €. Sur la côte, restaurant prisé des gens du coin, qui apprécient les mets raffinés et le classicisme de l'endroit. Belle cuisine ouverte sur la salle. Excellents raviolis de *ricotta* et pizzas pour les budgets serrés. Jolies tables et service soigné.

AMALFI

De 25 à 60 €

Marina Grande – *Via delle Regioni, 4 - ✆ 089 87 11 29 - www.ristorantemarinagrande.com - fermé lun. (sf juil.-août) et de mi-nov. au 20 fév. - 25/60 €.* Située juste en face de la petite plage, cette adresse est une valeur sûre d'Amalfi. Agréable salle avec parquet et chaises blanches, terrasse aménagée en été. Cuisine régionale. Menu abordable le midi.

ATRANI

De 30 à 50 €

A'Paranza – *Via Traversa Dragone,1 - ✆ 089 87 18 40 - www.ristoranteparanza.com- fermé mar. et en déc. - 30/50 €.* Spécialités de la mer dans ce restaurant tenu par deux frères passionnés par leur métier. Bons vins et excellent rapport qualité/prix.

Glowimages RM/age fotostock

Tomates et piments rouges sur le marché de Sorrente.

SALERNO

De 30 à 50 €

Il Timone – *Via Salvador Allende, 30/35 € - ✆ 089 33 51 11 - fermé dim. soir, lun. midi et une sem. en août- 25/50 €.* Beaucoup de monde en raison de sa très bonne réputation. Poissons présentés dans la salle et choisis par les clients. Service efficace et intéressant choix de vins.

Prendre un verre

La **via Toledo** ***E3-4-5*** constitue l'axe obligé de la *passeggiata* rituelle. Ses commerces ferment tard, et on y trouve glaciers à profusion et cafés avec terrasse. La balade apéritive s'achève **piazza Trieste e Trento** ***E6***, très animée en fin de journée, mais elle peut se poursuivre **via Chiaia** ***D6*** ou **via Partenope** ***DE8***.

Repérez les adresses sur le plan détachable (à l'intérieur de la couverture) grâce aux pastilles numérotées (ex. 1). Les coordonnées en rouge font référence à ce même plan. Les adresses peuvent également apparaître sur sur le plan de quartier (Spaccanapoli), auquel cas nous vous l'indiquons.

NAPLES

Plan de quartier p. 16

Cafés et bars

1 **Caffeteria Ceraldi** – ***E4*** - *Piazza della Carità, 14 - 081 55 23 488 - lun.-sam. 6h-21h30, dim. 6h-14h30.* Café ancien avec petite terrasse. Délicieuses viennoiseries, café excellent et personnel très aimable.

2 **Gran Caffè Aragonese** – ***E3*** - *Piazza San Domenico Maggiore, 5-8 - 081 55 28 740 - tlj 7h30-minuit.* Pour accompagner un baba ou des *sfogliatelle* d'un choix assez vaste de thés. Agréable terrasse.

3 **Fonoteca** – ***B4*** - *Via Morghen, 31C/F - 081 55 60 338 - www.fonoteca.net - mar.-jeu. 12h-1h, vend.-sam. 12h-2h, dim.-lun. 18h-1h.* Boutique de disques dans laquelle s'est installé un bar, temple de la branchitude napolitaine à l'heure de l'apéritif.

4 **Gran Caffè Cimmino** – ***CD6*** - *Via Gaetano Filangieri, 12-13 - 081 41 83 03 - www.caffecimmino.it - tlj.* Café en forme d'institution chic doté d'une très agréable terrasse pour se poser entre deux achats ruineux dans le quartier de Chiaia.

5 **Gran Caffè Gambrinus** – ***E6*** - *Via Chiaia, 1-2 - 081 41 75 82 - www.grancaffegambrinus.com - tlj 7h-2h.* Le plus célèbre café napolitain. Depuis plus de 150 ans, ses salles décorées avec faste sont témoins des principaux événements de l'histoire de Naples.

6 **Il Mantegno** – ***F3*** - *Piazzetta Nilo, 18-19 - 081 19 56 15 99- tlj.* Bar à vins offrant un vaste choix de crus de Campanie et d'ailleurs à déguster au cœur de Spaccanapoli.

7 **Il Vero Bar del Professore** – ***E6*** - *Piazza Trieste e Trento, 46 - 081 40 30 41 - www.ilverobardelprofessore.com - 8h-23h.* Institution dans laquelle on dégustera un *nocciolato*, café auquel sont ajoutés du concentré de noisettes et une crème onctueuse. Accompagnez-le d'une *sfogliatella* (*« En savoir plus, Saveurs napolitaines », p. 126*) pour toucher de très près le bonheur total.

8 **La Caffettiera** – ***D7*** - *Piazza dei Martiri, 26 - 081 76 44 243 - www.*

grancaffelacaffettiera.com - 7h-23h. L'un des cafés les plus sélects de la ville, avec une terrasse donnant sur le groupe sculpté à la gloire des martyrs napolitains. L'intérieur est un sommet d'élégance cossue. Chaque année, cette institution remet la *cuccumella* (*« En savoir plus, Saveurs napolitaines », p. 126) *à l'honneur.*

Glaciers

(18) **Fantasia Gelati** – **B4** - *Piazza Vanvitelli, 252 - 081 57 88 383 - www.fantasiagelati.it* - De l'éventail de cornets colorés au choix des parfums, le summum de l'inventivité en terme de sucré. Vos enfants seront conquis ! Nombreuses autres adresses, notamment (9) *via Toledo, 381* **E3-4** et (19) *via Chiaia, 186-187* **D6**.

(10) **La Scimmia** – **E4** - *Piazza Carità, 4 - 081 55 20 272 - www.gelateriadellascimmia.it.* Moins vaste qu'ailleurs, le choix de parfums proposés par la guenon *(scimmia)* suffira à plonger dans d'abyssales perplexités. Accueil très sympa. Autre adresse (17) piazzetta Nilo **F3**.

(11) **Mennella** – **E4** - *Via Toledo, 110 - www.pasticceriamennella.it.* Le glacier originaire de Torre del Greco n'utilise que des ingrédients de la plus haute qualité, jamais le moindre additif ou conservateur. Le chocolat blanc, entre autres, est un délice. Autres adresses (20) *via Giosuè Carducci, 45* **C6** et à **Porticci** *(Via Leonardo da Vinci, 20-22).*

(12) **Officina Gelati** – **E4** - *Via Toledo, 311 - 081 40 53 12 - www.officinagelati.com.* Glaces artisanales crémeuses à déguster au bas du Banco di Napoli : un peu de sucré, rien de tel pour adoucir l'esthétique du méga-bâtiment de Marcello Piacentini, architecte de Mussolini !

Pâtisseries

Chalet Ciro – **Hors plan par A8** - *Via Caracciolo - 081 66 99 28 - www.chaletciro.it - fermé merc.* Pour déguster une glace ou une délicieuse pâtisserie maison dans le port de Mergellina, avec la baie de Naples et le Vésuve sous les yeux. Un classique onéreux, mais tellement agréable !

(14) **La Sfogliatella Mary** – **E5** - *Via Toledo, 66- 081 40 22 1 - jusqu'à 20h30.* À l'entrée de la Galleria Umberto I, échoppe en forme de simple comptoir pour déguster un baba, pâtisserie d'origine étrangère très répandue à Naples, ou une *sfogliatella*. S'armer de patience : la file d'attente est longue !

(15) **Pintauro** – **E5** - *Via Toledo, 275 - 081 41 73 39 - lun.-sam. 9h-20h, dim. 9h-14h.* Le concurrent direct du précédent, souvent moins fréquenté, dans une belle boutique ancienne : ses *sfogliatelle* sont très réputées également.

(16) **Scaturchio** – **EF3** - *Piazza S. Domenico Maggiore, 19 - 081 55 17 031 - www.scaturchio.it - 7h30-20h30.* Succulents babas et *sfogliatella riccia* (feuilleté fourré de ricotta, de fruits confits et parfumé à la fleur d'oranger) tout juste sortie du four.

LE GOLFE DE NAPLES

Gelateria Bilancione – *Via Posillipo, 238* - **Posillipo** - *081 76 91 923 - www.gelateriabilancione.it - tlj en* *saison.* Un des meilleurs glaciers de Campanie, né en 1977. Goûtez notamment au parfum noisette, plusieurs fois primé !

CAPRI

Bar

Quisi Bar – *Viale Camarelle, 2* - **Capri** - *081 83 70 788 - www.quisisana.com - tlj (musique live 18h-2h).* En face du mythique Grand Hotel Quisisana, une adresse en plein air pour un apéritif ou après le dîner.

Pâtisseries

Buonocore – *Via Vittorio Emanuele, 35* **Capri** - *081 83 76 151. 8h-21h, fermé mar.* Le bon endroit pour goûter les spécialités sucrées-salées de la région (parmi lesquelles la *torta caprese*, avec chocolat noir et amandes) et de bonnes glaces.

Da Alberto – *Via Roma, 9/11* - **Capri** - *081 83 70 622 - www.pasticcerialberto.com - fermé mar. hors saison (nov.-mars).* À la sortie du funiculaire, on vient y déguster une excellente *torta caprese*.

ISCHIA

Bars

Di Vino – *Via Luigi Mazzella, 71* - **Ischia Ponte** - *081 99 03 86 - 18h-22h, fermé merc.* Très agréable bar à vins, avec quelques tables sur une placette en forme d'impasse, juste avant d'arriver au Castello Aragonese. Votre verre de vin d'Ischia sera accompagné de délicieuses et généreuses « tapas », qui fleurent bon l'olive et changent des sempiternelles chips. Très bon accueil.

Coquille – *Corso Vittorio Colonna* - **Ischia Porto** - *081 49 72 401 - www.cortedegliaragonesi.it. - 18h-0h, fermé oct.-mi-avr.* On ira y prendre un verre pour découvrir un décor positivement branché, glamour et tendance. Le top du top, à condition d'en avoir les moyens, c'est bien sûr de s'attabler au restaurant et de goûter à sa cuisine fusion.

Pâtisseries

Calise – *Piazza degli eroi* - **Ischia Ponte** - *081 99 12 70 - www.barcalise.com - 6h-2h sf lun.* Un bar-glacier-pâtisserie en forme de monument dédié à la gourmandise. L'enseigne, véritable institution, a essaimé un peu partout à Ischia.

Da Ciccio – *Piazza Antica Reggia, 5* - **Ischia Porto** - *081 99 13 14 - www.bardaciccio.it.* Bar tout simple proposant d'excellentes glaces artisanales, mais aussi des *panini* ou des pâtisseries bien fraîches.

LA CÔTE AMALFITAINE

AMALFI

Pâtisserie

Pasticceria Andrea Pansa – *Piazza Duomo, 40* - *089 87 10 65- www.pasticceriapansa.it.* Cette belle pâtisserie ravit les papilles les plus délicates depuis 1830. Goûtez aux *canditi*, écorces confites d'orange et de citron au chocolat noir, la spécialité.

Shopping

Pour les **produits alimentaires**, les échoppes ou marchés de la via Pignasecca **DE4** ou de la via Miracoli **F1** sont sans concurrence. La **mode haut de gamme** règne à Chiaia, autour de la piazza dei Martiri **CD6**, tandis que les **enseignes internationales** de prêt-à-porter colonisent la via Toledo **E4-5**. À Spaccanapoli se concentrent **libraires** et **antiquaires** (autour des piazze Bellini, Dante et Gesù Nuovo **E-2-3**), **créateurs**, magasins de **fripes** et **maroquiniers** (via San Sebastiano et via San Domenico Maggiore **E3**), sans oublier les boutiques de **santons** (via San Gregorio Armeno **F2-3**).

Bon à savoir – Soldes d'hiver : à partir du 5 janv.; soldes d'été : à partir de déb. juil.

« Votre séjour à Naples, Horaires », p. 100.

Repérez les adresses sur le plan détachable (à l'intérieur de la couverture) grâce aux pastilles numérotées (ex. 1). Les coordonnées en rouge font référence à ce même plan. Les adresses peuvent également apparaître sur le plan de quartier (Spaccanapoli), auquel cas nous vous l'indiquons.

NAPLES

Plan de quartier p. 16

Antiquités et curiosités

1 **Ferrigno** – **F2** - *Via San Gregorio Armeno, 8 - 081 55 23 148 - www.arteferrigno.it.* Boutique réputée pour ses santons. Un authentique musée !

2 **Foire à la brocante** – **A7** - *Via Francesco Caracciolo - www.fieraantiquarianapoletana.it - 3e w.-end du mois 8h-14h.* L'occasion de flâner en bord de mer tout en fouinant à la recherche d'un souvenir original.

3 **Laboratorio di Fabio Paollela La Smorfía** – **F2** - *Strada dell'Anticaglia, 23 – 081 29 38 12 – mar.-sam. 10h30-19h.* Santons, art sacré et bijoux dans une jolie boutique dédiée à la *smorfía napoletana (voir « En savoir plus, Religions et traditions », p. 123).* Boutique sur e-Bay Italie.

4 **Raffaele Russo** – **F3** - *Via San Biagio dei Librai, 116 - 081 55 17 090 - www.russoraffaele.it - lun.-sam. 9h-19h30.* Dans cette boutique des années 1930, on trouve les fameuses madones servant à décorer la crèche traditionnelle napolitaine.

5 **Fratelli Capuano** – **F2** - *Via San Gregorio Armeno, 28 - 328 634 67 59 ou 338 302 25 23 - 8h-21h.* Grand nom de la crèche napolitaine depuis 1840. Artisans au travail dans la cour et petit musée attenant *(1 €).*

Une boutique spécialisée en pâtes.

terie
ELLA
ALA

Beauté

6 Kiphy - ***E3*** - *Vico San Domenico Maggiore, 3 - ✆ 081 65 83 773 - www.kiphy.it - mar.-sam. 11h-14h, 17h-19h30.* Savons bio-énergisants fabriqués à l'ancienne (4 €/100 g). Produits d'hygiène corporelle bio et huiles essentielles.

Gastronomie

7 Arfé - ***C6*** - *Via Santa Teresa a Chiaia, 45 - ✆ 081 41 18 22 - lun.-sam. 8h-13h45, 16h30-20h; fermé jeu. apr.-midi.* L'adresse pour se procurer les meilleurs fromages, à commencer bien sûr par la mozzarella.

8 Augustus - ***E5*** - *Via Toledo, 147- ✆ 081 55 13 540 - 7h-21h.* L'un des meilleurs traiteurs de Naples. Charcuterie, fromages, pâtisseries, glaces, etc.

9 Belledonne - ***C6*** - *Vico Belledonne a Chiaia, 18 - ✆ 081 40 31 62 - www.enotecabelledonne.com - mar.-sam. 10h-14, 16h30-20h.* Caviste se transformant le soir en bar à vins, avec un grand choix de crus, que l'on accompagne d'une planche de charcuterie.

10 Gay Odin - ***E5*** - *Via Toledo, 214 - ✆ 081 40 00 63 - www.gay-odin. it - fermé dim.* Le maître du chocolat napolitain depuis 1894. Propose aussi d'excellentes glaces. Nombreuses succursales (24 *via Toledo, 427* ***E3***, 25 *via Colonna, 15B* ***B6***, *etc.).*

11 Gourmeet - ***CD6*** - *Via Alabardieri, 8 - ✆ 081 79 44 131 – www.gourmeet.it - lun.-sam. 8h30-21h, dim. 8h30-14h.* Ce supermarché est une vitrine de la gastronomie campanienne et italienne. Énothèque, *Bistrò*, café, et possibilité de déguster une *bomba*, en-cas populaire sucré aussi décliné ici en version salée.

12 Salumeria Pane dal 1864 - ***F1*** - *Via Settembrini, 111 - ✆ 081 45 62 63 - fermé dim.-lun.* À deux pas de la Porta Capuana, délicieuse boutique au décor de film néoréaliste italien pour acheter charcuterie, vins, pâtes, sauces, etc.

13 Sogni di latte – ***C6*** -*Via della Cavallerizza, 35 – ✆ 081 18 99 04 91 - www.sognidilatte.com - en été, lun.-sam. 8h-14h, 16h-21h30, dim. 9h-14h30; en hiver, lun.-sam. 8h-20h30, dim. 9h-14h30.* Ce magasin propose des fromages venus de toute l'Italie, avec des raretés (mozzarella de Caserta ou de Paestum). Autre adresse via Michele Kerbaker ***B4***.

Livres

14 Libreria Regina – ***E2*** - *Via Santa Maria di Costantinopoli, 51 - ✆ 081 45 99 83 ou 081 29 09 25 - www.libreriaregina.it - fermé dim.-lun.* Les amateurs de beaux livres ne résisteront pas au charme suranné de cette librairie fondée en 1881. Éditions originales, manuscrits, gravures, aquarelles et gouaches des 18e et 19e s.

15 Libreria Berisio – ***E3*** - *Via Port'Alba - ✆ 081 54 99 090 - lun.-sam. 9h30-2h30.* Librairie conviviale où l'on vient siroter un verre de vin ou écouter un musicien invité tout en bouquinant.

16 Libreria Fausto Fiorentino – ***E4*** - *Calata Trinità Maggiore – ✆ 081 55 22 005 - www.libreriafiorentino.it - fermé dim.-lun.* Beau choix de livres anciens et d'ouvrages d'art à prix intéressants. Bon accueil.

Marchés

17 Marché via Pignasecca – ***E4*** - *Tous les matins à partir de 8h.* Légumes, agrumes, poissons, coquillages ou *mozzarella di bufala* fraîche débordent des étals colorés.

18 **Porta Nolana** – ***G3*** - *Via Carmignano - 8h-14h.* Le marché aux poissons de Naples, un lieu à voir.

Mode

Andreano – *En duty-free à l'aéroport - ✆ 081 78 01 002 - tlj.* Depuis plus d'un demi-siècle, l'élégance du gant italien à Naples. Pour femmes et hommes.

19 **Marinella** – ***C7*** - *Riviera di Chiaia, 287 - ✆ 081 24 51 182 - www.marinellanapoli.it - lun.-sam. 7h–13h30 15h30–20h - fermé 10 j. en août.* Le plus célèbre magasin de cravates de toute l'Italie, fondé en 1914.

20 **Ricci Calzoleria Sandali Artigianali** – ***C6*** - *Vico Belledonne a Chiaia, 23 - ✆ 081 41 46 98 - lun.-sam. 9h-14h, 16h-20h.* Une toute petite échoppe tenue par des cordonniers de père en fils. Ici, on vous confectionnera des sandales sur mesure d'une classe folle en 4 jours.

21 **Scriptura** – ***E3*** -*Via San Sebastiano, 22 - ✆ 081 29 92 26. mar.-sam. 10h-13h, 16h30-19h30.* La petite maroquinerie artisanale d'Alessandro Capuozzo : portefeuilles, porte-monnaie, calepins, sacs à main gais et colorés…

22 **Talarico** – ***E4*** - *Via Toledo, 329 et Vico Due Porte a Toledo, 4B - ✆ 081 40 19 79 - www.mariotalarico.it.* Un parapluie Marco Talarico, marque fondée en 1860, est le nec plus ultra de l'élégance transalpine.

23 **Tramontano** – ***D6*** - *Via Chiaia, 143-144 - ✆ 081 41 48 37 - www.tramontano.it - tlj.* Fondée en 1865, la maison Aldo Tramontano est l'une des maroquineries les plus courues d'Italie. Woody Allen y achète ses étuis de clarinette. Nicole Kidman et bien d'autres raffolent de ses besaces en cuir ultrasouple. Quant aux sacs de voyage en cuir norvégien, ils sont d'un chic fou. Autre boutique à l'aéroport.

CAPRI

Carthusia – I profumi di Capri – *Viale Matteotti, 2D -* **Capri** *- ✆ 081 83 70 368 - www.carthusia.com - tlj.* Les légendaires parfums de Capri composés avec les ingrédients typiques de l'île : citron, romarin, rose, œillet. Plusieurs boutiques dans l'île, notamment du côté des Giardini di Augusto, ainsi qu'à l'aéroport.

Cuccurullo – *Via C. Colombo, 36 -* **Capri** *- ✆ 081 83 70 919 - www.caprisandals.it - tlj.* Sandales « 100% faites main » et fabrication artisanale certifiée.

Limoncello Capri Srl – *Via Listrieri, 25A -* **Capri** *- ✆ 081 83 73 059 - www.limoncello.com. tlj.* Authentique *limoncello* de Capri, liqueur réalisée à partir d'*Ovale di Sorrento*, la meilleure variété de citrons.

La Bottega dell'Arte di Sergio Rubino – *Via Catena, 2 -* **Anacapri** *- ✆ 081 83 71 878 - www.sergiorubino.com - lun.-sam. 10h-20h.* Le maître incontesté, dépositaire de la tradition de la céramique de Capri.

ISCHIA

Perrazzo, vini d'Ischia – *Via Porto, 36 -* **Ischia Porto** *- ✆ 081 99 16 00 - www.perrazzo.it - fermé dim.* La plus ancienne maison de l'île, pour acheter des blancs ou des rouges d'Ischia.

Sortir

La piazza Bellini **E2** est le centre de gravité de l'animation à Spaccanapoli. Noire de monde dès 18h30 et jusque tard dans la nuit, la place attire une faune estudiantine, branchée et *arty* qui discute un verre à la main, près des ruines des murailles grecques. En comparaison, l'ambiance piazza del Gesù Nuovo **E3**, piazza de San Domenico Maggiore ou piazzetta del Nilo **F3**, plus ou moins abandonnées aux touristes, semble presque éteinte. Dans un registre différent, les bars et clubs de la via Partenope **DE8** attirent une clientèle plus huppée et âgée. Enfin, la vie nocturne bat son plein autour de la via Belledonne a Chiaia, notamment via Pisignano et surtout via Giuseppe Ferrigni **C6**, où les bars à touche-touche se livrent une concurrence effrénée. Ils attirent surtout des 20-30 ans, dont une importante proportion de *fashion victims* et de bandes de fêtards et fêtardes de plus en plus alcoolisés au fil de la soirée.

Bon à savoir – Pour ne rien manquer des spectacles se déroulant pendant votre séjour, consultez le quotidien *Il Mattino*.

Agenda culturel, p. 109.

Repérez les adresses sur le plan détachable (à l'intérieur de la couverture) grâce aux pastilles numérotées (ex. 1). Les coordonnées en rouge font référence à ce même plan. Les adresses peuvent également apparaître sur le plan de quartier (Spaccanapoli), auquel cas nous vous l'indiquons.

NAPLES

***Plan de quartier* p. 16**

Spectacles

1 **Fondazione Pietà de'Turchini** – **D5** - *Via Santa Caterina da Siena, 38 - ✆ 081 40 23 95 - www.turchini.it. Concert 10 €.* Fondation s'attachant à faire redécouvrir le patrimoine musical baroque napolitain du 17e s. (Provenzale, Caresana, etc.). Concerts d'artistes renommés en divers lieux.

2 **Teatro Bellini** – **E2** - *Via Conte di Ruvo, 14 - ✆ 081 54 91 266 - www.teatrobellini.it.* Le rival du San Carlo, avec une salle qui n'a rien à lui envier, reconstruit en 1878 après un incendie. Programmation éclectique.

3 **Teatro San Carlo** – **E6** - *Via San Carlo, 98 - ✆ 081 79 72 331 - www.teatrosancarlo.it - saison lyrique : déc.-mai - guichet : lun.-sam. 10h-17h30, dim. 10h-14h.* Avec sa troupe lyrique permanente, c'est l'un des plus célèbres opéras du monde.

4 **Teatro Sannazaro** – **D6** - *Via Chiaia, 157 - ✆ 081 41 88 24 - www.teatrosannazaro.it. Billetterie : 10h-20h.* Le théâtre Sannazaro (1871) accueille un spectacle de comédie napolitaine tous les soirs. Pendant deux mois, le lieu se transforme en café chantant (spectacle et restauration).

Bars de nuit

⑨ **Be Cool** – **C6** - *Via Ferrigni 24 - ✆ 339 20 98 249 - 18h-3h - fermé lun.* Petit bar où l'on boit au coude-à-coude, avec une ambiance animée par des DJ's variés. Expositions photos.

⑩ **Dell'Epoca** – **E3** -*Via Santa Maria di Costantinopoli, 82 - ✆ 338 31 48 231 - lun.-sam. 7h-22h, dim. 7h-14h.* Situé à l'entrée de la piazza Bellini, ce bar attire une foule encore plus importante que ses voisins. La raison : ses prix canons et l'amabilité du staff.

⑧ **Kestè** – **E3** - *Largo San Giovanni Maggiore Pignatelli, 4 - ✆ 081 55 13 984 - www.keste.it. - lun.-vend. 12h-2h, sam.-dim. 20h-4h.* Bar très apprécié des étudiants. Manifestations variées, musique live, expositions de photos, débats, etc.

⑦ **Intra Moenia** – **E2** -*Piazza Bellini, 70 - ✆ 081 45 16 52 - www.intramoenia.it - tlj à partir de 10h.* Lieu de rencontre privilégié des intellectuels, dans le vieux cœur de la cité. Ce bar-librairie est également le siège d'une maison d'édition engagée. Soirées musicales le merc. à partir de 21h30.

Cinéma

⑪ **Academy Astra** – **F3** -*Via Mezzocannone, 109 - ✆ 081 55 20 713 - www.astra.unina.it ou www.arcimovie.it.* Films de qualité, exclusivement en v.o.

Clubs et boîtes

⑫ **Bourbon Street Club** – **E2** - *Via Bellini, 52-53 - ✆ 338 82 53 756 - www.bourbonstreetjazzclub.com - tlj à partir de 20h. Fermé lun.* Au coin de la piazza Dante, le rendez-vous incontournable des amateurs de jazz. Lumières tamisées et banquettes confortables.

⑬ **La Casita Retrò** – **C6** - *Via Giuseppe Ferrigni, 31 - ✆ 333 49 66 309 - mar.-dim 18h-3h.* Au cœur de la « rue de la soif », on joue ici la carte de la différence et du raffinement intime dans la tradition du lounge bar.

⑤ **Miami Bar Room** – **C4** - *Via Morghen 68C - ✆ 081 22 98 332 - www.miamibarroom.it - 18h-2h.* Immense bar avec aquarium de poissons tropicaux. Un mélange de styles, d'ambiances et de décors, signé du designer Benny Galasso.

⑥ **S'Move-Lab** – **C6** - *Vico dei Sospiri, 10 - ✆ 081 19 56 79 77 - 12h-3h.* Née en 1992, voici l'une des adresses classiques (mais toujours branchée) de première partie de soirée. Dans un décor design jouant sur les couleurs et les formes, la jeunesse napolitaine bien mise sirote des cocktails en écoutant des musiques variées (surtout house et dance).

⑭ **Velvet Zone** – **E3** - *Via Cisterna dell'Olio, 11 - ✆ 081 25 14 070 - mar.-merc. et vend.-dim. 0h-5h, jeu. 14h-5h - fermé lun.*
L'antre du drum and bass s'ouvre aussi à d'autres types de musique électro. Concerts live de groupes underground italiens.

Se loger

Ne vous fiez pas aux étoiles pour juger les **hôtels** italiens : certains les ont acquises il y a trente ans. Naples dispose d'un parc hôtelier certes petit, mais relativement abordable comparé au reste de l'Italie.
Très répandus, les **B & B** (meilleur choix www.bbitalia.it) offrent une alternative chaleureuse à l'hôtel. À Naples, ceux du Lungomare valent largement les hôtels de luxe voisins et ne sont pas plus chers. Conséquence : ces chambres sont prises d'assaut et il faut réserver au moins deux mois à l'avance en haute saison.
Pour être dans le vif du sujet, choisissez un hôtel dans le centre historique (Spaccanapoli) ou à ses abords. Évitez le quartier de la gare. Autant vous prévenir, Naples ne dort jamais. La Vespa, son âme pétaradante, poursuit les dormeurs dans leur sommeil.
En dehors de Naples, privilégiez dans la mesure du possible le **tourisme rural** (www.agriturismo.it). Cette formule conviviale et aux prix toujours abordables permet de rencontrer les gens du pays, loin de la foule, et de goûter aux spécialités du terroir.
Enfin, la **location d'appartements** (http://locappart.com) peut constituer une bonne formule pour un week-end à plusieurs.
Bon à savoir – Dans les îles et sur la côte, de nombreux établissements ferment hors saison. Les prix suivent la fréquentation : ils grimpent dès le mois de juin pour atteindre un pic en août. La taxe de séjour à Naples est de 1 €/pers/j., réglable en espèces.

Repérez les adresses sur le plan détachable (dans le dernier rabat de la couverture) grâce aux pastilles numérotées (ex. 1). Les coordonnées en rouge font référence à ce même plan.

NAPLES

SPACCANAPOLI

Moins de 80 €

1 **Hotel Europeo** – **F3** - *via Mezzocannone, 109C - ✆ 081 55 17 254 - www.hoteleuropeonapoli.com - 25 ch. env. 50 €.* Située en face de la plus ancienne université de Naples, cette adresse dissimulée aux 3e et 4e étages d'un édifice en fond de cour propose de petites chambres parfaitement tenues et à des prix très compétitifs. Décoration simple et agréable, aux murs rehaussés de jaune, et salles de bains tout à fait convenables. Accueil souriant et serviable.

De 80 à 100 €

3 **Belle Arti** – **E2** - *via Costantinopoli, 27 - ✆ 081 55 71 062 - www.belleartiresort.com - 7 ch. 80/100 €.* Ce petit hôtel propose de belles chambres de caractère à quelques encablures du Musée archéologique, dont certaines avec plafond peint d'origine.

2 B & B Palepoli – ***F3*** - *vicolo dei Maiorani, 29 - ✆ 334 32 65 219 ou 081 19 57 28 88 - www.palepoli.com - 3 ch. 85 € -*. En plein cœur de Spaccanapoli, cette adresse est nichée au 1er étage d'un vieil édifice emblématique du centre historique, et son ex-voto éclairé à l'entrée, ses hauts plafonds. Belles chambres spacieuses, avec mezzanine, ornées de jolis carreaux de céramique. Petit-déjeuner typiquement napolitain à prendre dans un café situé à deux pas.

5 B & B Donna Regina – ***F1*** - *via Luigi Settembrini, 80 - ✆/fax 081 44 67 99 - www.discovernaples.net - 5 ch. 93 €*. Un véritable B & B à l'intérieur d'un ancien monastère du 13e s., occupant le vaste appartement de la famille Mazzela. Grand salon bohème avec ses nombreux objets d'art et ses hauts murs couverts de tableaux. La terrasse ensoleillée s'ouvre sur l'ancien cloître. Domenico, le propriétaire, épris de sa ville, est également guide indépendant. Chambres colorées et pleines de charme.

4 Zia Maria Home – ***F2*** - *piazza San Gaetano, 322 - ✆ 349 18 79 087 - www.ziamariahome.it - 3 ch. 95 €*. Perchée au dernier étage d'un immeuble (avec ascenseur) faisant face à l'église San Paolo Maggiore, cette adresse dispose de chambres modernes, dépouillées et lumineuses, ainsi que d'une terrasse panoramique s'ouvrant sur les toits de Spaccanapoli et les collines environnantes.

6 M Gallery – ***FG1*** - *via Carbonara, 111/112 - ✆ 081 01 60 111 - www.mgallery.com - 138 ch. 100 € - 12 €*. Promotions sur Internet. Magnifique palais historique entièrement rénové, avec son altière façade sur la grande via Carbonara, en pierre de lave, et son cloître dissimulé à l'arrière. Chambres contemporaines, spacieuses et confortables. Service attentionné.

LE CENTRE MONUMENTAL

De 80 à 100 €

8 Spaccanapoli Comfort Suites – ***D4*** - *via F. Girardi, 37 - ✆ 081 41 78 09 - www.bbspaccanapoli.com - 6 ch. 84/88 €*. À l'intérieur d'un palais sur les hauteurs des *quartieri Spagnoli* (contrairement à ce que son nom laisse supposer), des chambres spacieuses, confortables et parfaitement équipées (dont trois suites situées au dernier étage de l'édifice), avec hauts plafonds et tableaux contemporains accrochés aux murs. Belle salle de petit-déjeuner, couronnée d'un plafond aux stucs finement dorés.

7 Al Maschio Angioino – ***E5*** - *via S. Brigida, 51 - ✆ 081 55 22 826 ou 349 53 23973 - www.almaschioangioino.it - 2 ch. 90 € -* . Deux nuits minimum. Dans un élégant édifice du 19e s. au cœur du centre monumental, chambres d'hôte meublées à l'ancienne avec balcon face à la baie. La maîtresse de maison, vraie passionnée de Naples, vous fera sans doute goûter à l'une des recettes gourmandes locales qu'elle connaît sur le bout des doigts. Ne manquez pas de faire un tour sur le balcon de son appartement, qui donne directement sur le Castel Nuovo.

CHIAIA/LUNGOMARE

De 80 à 100 €

9 **B & B Casomone** – **D6** - *via Filangieri, 11 - ✆ 081 19 56 91 26 ou 329 37 78 539 - www.casamone.com - 2 ch. 85 €* - . Isolées à l'intérieur d'un appartement dédié à leurs hôtes, les deux chambres (baignées de lumière) de Giorgio et de Celina – couple italo-mexicain avenant – dominent tout Chiaia : l'une s'ouvre vers la mer et Capri tandis que la seconde regarde vers le palais Cellamare et la colline du Vomero. Avec deux grandes terrasses permettant de profiter des deux points de vue et cuisine à disposition.

10 **B & B Napul'é** – **A7** - *via Riviera di Chiaia, 92 - ✆ 081 19 72 19 72 ou 392 72 79 435 - www.napulehotel.com - 3 ch. 90 €*. En face de la station de métro Arco Mirelli (ligne 6), chambres d'une propreté impeccable, au sol couvert de jolis carreaux bleus : deux d'entre elles s'ouvrent sur la mer et disposent d'une mezzanine, idéale pour les familles. Salles de bains décorées de majolique.

11 **Chiaja Hotel de Charme** – **D6** - *via Chiaia, 216 - ✆ 081 41 55 55 - www.chiaiahotel.com - 27 ch. 95/115 €*. L'hôtel occupe l'ancien appartement du marquis Nicola Lecaldano Sasso La Terza, au 1er étage d'un palais nobiliaire du 17e s., à proximité de la piazza del Plebiscito. Les chambres sont décorées avec goût. Atmosphère pleine de charme.

VOMERO

Plus de 100 €

12 **San Francesco al Monte** – **D4** - *Corso V. Emanuele, 328 - ✆ 081 42 39 111 - www.hotelsanfrancesco.it - 45 ch. 225/275 €*. Ancien couvent situé en contrebas de la chartreuse San Martino, disposant de chambres confortables avec vue panoramique sur la baie de Naples et/ou le Vésuve. Petit-déjeuner servi sur une vaste terrasse et piscine perchée sur les hauteurs du domaine entouré de vergers.

LE GOLFE DE NAPLES

Plan du golfe dans le dernier rabat de couverture

BACOLI

De 80 à 100 €

Villa Oteri – *Via Miliscola, 18 - ✆ 081 52 34 985 - fax 081 52 33 944 - www.villaoteri.it* - P - *9 ch. 100 €*. Villa du début du 19e s., élégante et raffinée, proposant des chambres feutrées décorées de beaux tissus. Pour profiter des richesses des champs Phlégréens en toute tranquillité, face au lac de Bacoli.

VICO EQUENSE

Moins de 80 €

La Ginestra – *Via Tessa, 2 - loc. S. Maria del Castello - 10 km au sud-est de Vico Equense en direction de Moiano - ✆ 081 80 23 211 - www.laginestra.org* - P - *7 ch. 60 €*. À 600 m d'altitude sur les pentes du monte Faito, une ferme datant du 17e s. avec terrasses en espalier et aire de jeux pour enfants. Vastes chambres bien tenues, pouvant accueillir jusqu'à 6 pers. Vente des produits biologiques de la ferme : huile d'olive, confiture, miel, etc.

SANT'AGATA SUI DUE GOLFI

De 80 à 100 €

Hotel Sant'Agata – *Via dei Campi, 8/A - ✆ 081 80 80 800 - www.hotelsantagata.com - ouv. mars-oct. - P - ✕ - ⛱ - 42 ch. 85/105 €.* Situé à 500 m du village et à 6 km de Sorrento, voici un établissement spacieux et lumineux, aux chambres décorées avec goût et à la cuisine soignée. Bon rapport qualité-prix et point de départ idéal pour découvrir les beautés de la côte amalfitaine et les sites de Pompéi et d'Herculanum.

MASSA LUBRENSE

Moins de 80 €

Agrimar – *Via Vincenzo Maggio, 40 (en dir. du port) - ✆ 081 80 89 682 - www.massalubrense.it - ouv. avr.-oct. - P - 6 ch. et 1 appart. Env. 70 €.* Un agritourisme à 30 m seulement de la mer, à laquelle on accède par un chemin privé. Six bungalows simples équipés de salles de bains, à l'ombre des oliviers. Terrasse panoramique, salle de restaurant et petit coin bibliothèque. Pour profiter de la nature en toute quiétude.

CAPRI

Plus de 100 €

Il Giardino dell'Arte – *Traversa La Vigna, 32B* - **Anacapri** - *✆/fax 081 83 73 025 - www.capri-ilgiardino.com - 5 ch. 150 €.* Dans le quartier calme de l'église Santa Sofia. Chambres accueillantes, toutes différentes et dotées d'une terrasse ouvrant sur la mer, avec faïences et têtes de lit en fer forgé.

Da Giorgio – *Via Roma, 34* - **Capri** - *✆ 081 83 75 777 - www.dagiorgiocapri.com - ✕ - 160 €.* À 100 m de la fameuse Piazzetta, un petit hôtel-restaurant en position panoramique sur le golfe de Naples. Les chambres sont simples mais lumineuses. Restaurant pour goûter aux saveurs traditionnelles ou à une bonne pizza. Deux nuits minimum en saison.

ISCHIA

Plus de 100 €

Villa Antonio – *Via S. Giuseppe della Croce, 77* - **Ischia Ponte** - *✆ 081 98 26 60 - www.villantonio.it - 20 ch. 100/120 €- avr.-fin oct.* À l'entrée de la baie, face au Castello Aragonese, cet hôtel tenu par une famille d'artistes bénéficie d'un site incomparable. Petite plage de rochers privée.

Casa Sofia – *Via Sant'Angelo, 29/B* - **Sant'Angelo** - *✆ 081 99 93 10 - www.hotelcasasofia.com - fermé 10 nov.-15 mars - 11 ch. 120 €.* La Casa Sofia est une adresse précieuse, réputée et estimée par une clientèle de voyageurs curieux et romantiques. Panorama et site enchanteurs, gentillesse des propriétaires... à vous de découvrir le reste.

Il Monastero – *Castello Aragonese* - **Ischia Ponte** - *✆ 081 99 24 35 – www.albergoilmonastero.it. Fermé nov.-mi-avr. - ✕ - 21 ch. 135/190 €.* Pour une nuit de rêve dans un ancien monastère du Castello Aragonese. Chambres petites mais joliment décorées, dont certaines avec vue éblouissante sur la mer. Restaurant gastronomique (cuisine traditionnelle).

PROCIDA

Plus de 100 €

La Casa sul Mare – *Via Salita Castello, 13 (entre le port et Terra Murata) - ✆ 081 89 68 799 - www.lacasasulmare.it - 10 ch. 150/170 €.* Un ancien palais du 18e s. offrant des chambres de charme sur deux niveaux. Coup de cœur pour celles du bas, étroites, fraîches et hautes de plafond, avec leur terrasse dominant Marina Corricella.

LA CÔTE AMALFITAINE

POSITANO

De 80 à 100 €

B & B Casa Cuccaro – *Via Nocelle, 2- ✆ 089 87 54 58 - www.casacuccaro.it - fermé janv.-fév. - P - 6 ch. - 85 €.* Perchée au cœur du village de Nocelle, à deux pas du sentier des Dieux, la maison de Peppe et Geraldina offre une vue plongeante sur la côte amalfitaine et la mer. Décorées avec simplicité, les chambres disposent toutes d'un balcon panoramique. Petit-déjeuner sur la grande terrasse du haut, fleurie de bougainvilliers.

AMALFI

Plus de 100 €

Residenza Luce – *Via Frà Gerardo Sasso, 4 - ✆ 089 87 15 37 - www.residenzaluce.it - 10 ch. 145/165 €.* À deux pas du Duomo, des chambres confortables, certaines dotées d'un balcon, avec lit en mezzanine. Décor simple teinté d'une touche de modernité. Calme absolu (double vitrage) et propreté irréprochable.

RAVELLO

Plus de 100 €

Villa San Michele – *Via Carusiello, 2 (sur la route nationale, à 6 km de Ravello) - ✆ 089 87 22 37 - www.hotel-villasanmichele.it - fermé mi-nov.-mi-fév. - P - 12 ch. 150/170 €.* En à-pic sur la mer, hôtel bercé par le murmure des vagues, avec une vue magnifique sur le golfe et sur le cap d'Orso. Jardin luxuriant, escalier descendant à la plage et chambres lumineuses, aux pavements de majolique ancienne.

SALERNO

De 70 à 100 €

B & B Villa Avenia – *Via Torquato Tasso, 83 - ✆ 089 25 22 81 - www.villaavenia.com - ✕ - 4 ch. 100 €.* Un B & B à l'intérieur d'une magnifique villa surplombant le centre historique et le port, à quelques pas de l'ascenseur public. Vaste jardin panoramique en espalier. Chambres colorées mêlant ancien et contemporain.

AW
02864

Naples pratique

Préparez votre voyage

Formalités d'entrée, Aller en avion, Aller en train **96**

Aller en car, Saisons, Argent **97**

Pour en savoir plus **98**

Votre séjour de A à Z

Achats, Contrefaçon, Consulats, Électricité, Horaires **100**

Jours fériés, Musées et monuments, Poste, Pourboire **101**

Presse, Restauration **102**

Santé, Savoir-vivre **103**

Sécurité, Tabac, Téléphone, Toilettes, Transports **104**

Vélo, Vie nocturne, Visite, Visites guidées **108**

Agenda culturel

Rendez-vous annuels **109**

Expositions temporaires **110**

Boutiques dans le centre historique.

S. Scata'/AGF Foto/Photononstop

Préparez votre voyage

FORMALITÉS D'ENTRÉE

Pour un voyage de moins de trois mois, il suffit d'une carte d'identité ou d'un passeport en cours de validité pour les citoyens de l'Union européenne (UE) et de la Suisse, et pour les Canadiens, d'un passeport en cours de validité.

ALLER EN AVION

Le prix des billets varie considérablement selon la saison. En été, pendant les fêtes ou les vacances scolaires, réservez trois à quatre mois à l'avance pour bénéficier d'offres intéressantes. Pour un vol Paris-Naples, comptez environ 2h de vol.

Voir « *Arriver à Naples* », p. 3.

Lignes régulières

Air France – ✆ 3654- www.airfrance.fr. Deux vols directs quotidiens Paris-Naples, et plusieurs vols/j. avec correspondance à Rome (souvent moins chers).

Alitalia/AirOne – Réserv. ✆ 0 892 655 655 (0,34 €/mn) - www. alitalia. fr. En partenariat avec Air France ou d'autres compagnies, liaisons régulières vers Naples au départ de Paris, avec escale à Rome. Prévoir une ou deux escales au départ de Bordeaux, Bruxelles, Genève, Marseille, Lyon, Nice et Toulouse.

Brussels Airlines – ✆ (0)2 723 23 62 - www.brusselsairlines.com. 6 vols/sem. en saison au départ de Bruxelles.

Jet Air Fly – ✆ 0899 190 143 (0,34 €/mn) - 2 vols/sem. en été au départ de Bruxelles.

Le portail **www.opodo.fr** fédère les offres de différentes compagnies internationales. Les prix proposés, notamment en raison de frais prélevés pour paiement par carte bancaire, ne sont pas nécessairement plus avantageux qu'en passant directement par le site Internet de la compagnie.

Compagnies « low cost »

Easy Jet et Transavia assurent des vols réguliers vers Naples à des prix intéressants.

Easy Jet – ✆ 0 825 082 508 (France), 0 848 888 222 (Suisse)- www.easyjet.com. Vols au départ de Nice, Paris-CDG, Paris-Orly, Bâle, Bruxelles et Genève.

Transavia – ✆ 0892 058 888 (France), + 32 (0)70 66 0305 (Belgique) - www.transavia.com. Un vol par jour au départ de Paris-Orly.

ALLER EN TRAIN

Renseignements SNCF – ✆ 36 35- www.voyages-sncf.com et www.trenitalia.com.

Depuis **Paris-Gare de Lyon,** départ vers 6h30, changement en début d'après-midi à Milano Porta Garibaldi et arrivée à Naples vers 19h30. C'est la liaison la plus rapide (13h). Également des liaisons Paris-Naples (13h30 à 15h de trajet) via Milan et différentes villes

suisses (Zurich, Bâle ou Genève); les départs ont lieu le matin, l'arrivée à Naples dans la soirée.
Pour un voyage de nuit, le Thello part en début de soirée de **Paris-Gare de Lyon** et arrive à Rome à 6h le lendemain matin. De Roma Termini, prendre ensuite le train pour Naples (1h10 à 2h de trajet) - www.thello.com.
Depuis **Bruxelles**, changement à Bâle ou à Zurich.
Renseignements : ✆ (0) 70 79 79 79- www.b-europe.com.
Pour la **Suisse** - Renseignements : ✆ 0 900 300 300- www.cff.ch.
Voir *« Arriver à Naples »*, p. 3.

ALLER EN CAR

Naples est desservie par les autocars de la compagnie Eurolines au départ de Paris-Gallieni (env. 24h de trajet), des grandes villes de France et de Bruxelles.
Eurolines – ✆ 0 892 89 90 91 (0,34 €/mn)- www.eurolines.fr
Voir *« Arriver à Naples »*, p. 3.

SAISONS

Avril, **mai** et **juin** sont les mois les plus agréables pour découvrir Naples, les îles et le littoral.
Septembre et **octobre** se révèlent aussi très doux, l'automne apportant une belle touche ocre à la côte amalfitaine où une moindre promiscuité règne sur les plages. Septembre est particulièrement cher aux Napolitains puisqu'on fête alors le patron de la ville, San Gennaro.
L'**hiver** est clément, avec des variations de 4 °C à 12 °C. Vous arpenterez Naples en toute tranquillité, sauf pendant les fêtes de Noël. Le mois de décembre est en effet l'un des moments les plus festifs pour visiter la ville, notamment via San Gregorio Armeno, la rue des crèches.
Évitez le plein été : les Italiens, qui, en majorité, passent leurs vacances dans leur pays, s'ajoutent aux nombreux visiteurs étrangers. Résultat : des prix très élevés. Notez que Capri et la côte amalfitaine sont chères en toute saison.
Surtout dans les îles, mais aussi sur le golfe de Naples, de nombreux établissements (hôtels, restaurants, glaciers, etc.) ferment leurs portes hors saison (d'oct.-nov. à mars-avr.).

ARGENT

Monnaie – L'unité monétaire est l'euro (€).
Change – Changez vos devises sur place : à l'aéroport, dans une banque, à la poste ou dans l'un des nombreux bureaux de change.
Chèques de voyage – Leur usage se limite à Naples et à certaines zones très touristiques. Ils s'échangent dans toutes les banques.

Pas de panique !
***Police** ✆ 112/113*
***Objets trouvés** ✆ 081 79 56 197*
***Police nationale** ✆ 081 79 41 111*
***Police de la route** ✆ 081 59 54 111*
***Secours d'urgence** ✆ 081 75 28 282/20 696*
***Urgences ambulances** ✆ 118*

Cartes de paiement – Les distributeurs de billets ne manquent pas, à Naples comme sur les îles ou le littoral. Retirez si possible de l'argent le matin en semaine, quand la banque est ouverte ; méfiez-vous des *scippatori* (voleurs à l'arraché). La plupart des hôtels et agritourismes acceptent le règlement par carte. Les petites pensions et les B & B se règlent en espèces. Prévoyez toujours du liquide pour régler votre note dans les restaurants bon marché.

POUR EN SAVOIR PLUS

Offices de tourisme à l'étranger

Pour organiser votre voyage, adressez-vous en premier lieu à l'**ENIT** (Ente Nazionale Italiano per il Turismo), l'Office national italien de tourisme - www.enit.it

Paris – 23 rue de la Paix - 75002 - ✆ 01 42 66 03 96 - paris@enit.it

Bruxelles – 28, rue Émile-Claus - 1050 - ✆ (00 322) 647 11 54 - brussels@enit.it

Offices de tourisme à Naples

Azienda Autonoma di Soggiorno, Cura e Turismo – Palazzo Reale- piazza Trieste e Trento, 1 **E6** - ✆ 081 25 25 711 - www.inaples.it *(en français)*. Il possède deux bureaux touristiques :

Via San Carlo, 9 **E6** - ✆ 081 40 23 94.

Piazza del Gesù Nuovo **E3** - ✆ 081 55 12 701. Lun.-sam. 9h-17h (fermé 13h-14h en hiver) ; dim. et j. fériés 9h-13h. Horaires sujets à variations.

L'Ente Provinciale **per il Turismo** (EPT ; www.eptnapoli.info) donne aussi de précieuses informations sur Naples et la Campanie.

À la gare **H2** - ✆ 081 26 87 79- 9h-18h.

Piazza dei Martiri, 58 **D6** - ✆ 081 41 07 211- lun.-vend. 9h-16h.

Offices de tourisme des îles p. 57 et p. 60.

Votre séjour de A à Z

ACHATS

Les tailles des vêtements italiens ne correspondent pas aux tailles françaises : retirez deux tailles pour obtenir la taille française (un 44 italien correspond à un 40 français). Pour les chaussures, ajoutez une pointure (un 37 italien correspond à un 38 français).

CONTREFAÇON

Naples est une plaque tournante de la contrefaçon. Ne vous fiez pas à l'attitude apparemment désinvolte des policiers à l'égard des vendeurs et des acheteurs. Toute personne surprise en train d'acheter un souvenir issu de la contrefaçon encourt une amende pouvant s'élever jusqu'à 10 000 €.

CONSULATS

Belgique – Via Agostino Depretis, 78 ***E5*** - ✆ 081 55 12 110 - cons-belgio-napoli@libero.it - lun.-vend. 9h-12h.
Canada – Via Giosuè Carducci, 29 ***C6***- ✆ 081 40 13 38- lun.-vend. 9h-12h.
France – Via Francesco Crispi, 86 ***B6***- ✆ 081 59 80 711/335 23 64 92 (urgences) - www.ambafrance-it.org - lun.-vend. 8h30-12h30.
Luxembourg – Via Santa Brigida, 51 ***E5***- ✆ 081 55 10 060 ou 333 449 08 660 - mar. 9h-13h.
Suisse – Via Consalvo Carelli, 7 ***A3*** - ✆ 335 83 15 257 - www.eda.admin.ch - lun.-vend. 9h-12h.

ÉLECTRICITÉ

Le voltage est le même qu'en France (220 V), mais le diamètre des prises de branchement ne répond pas aux normes françaises : il est vivement recommandé de se munir d'un adaptateur.

HORAIRES

Banques – Ouvertes du lun. au vend., de 8h30 à 13h30. Seules quelques agences importantes sont ouvertes l'après-midi et le sam. matin.
Églises – En règle générale et sauf événement particulier, elles sont ouvertes de 8h/8h30 à 12h30/13h et de 16h30/17h à 19h/19h30. Certaines restent fermées l'après-midi.
Magasins – En principe, les magasins ouvrent de 10h à 12h30/13h et de 15h30/16h à 19h30/20h. Certaines boutiques ferment le lun. matin et parfois aussi une demi-journée dans la semaine. Dans les îles, la fermeture de l'après-midi peut être plus longue, mais les commerces restent ouverts tard le soir (22h), surtout en été.
Musées et sites – Ils sont ouverts au moins de 10h à 17h, parfois jusqu'à 18h/19h30 pour les plus importants d'entre eux. Les dernières admissions interviennent généralement 30mn ou 1h avant la fermeture *(1h avant le coucher du soleil dans le cas des parcs et des sites archéologiques)*. Possibilité d'horaires restreints hors saison.

Le jour de fermeture hebdomadaire des musées ne répond à aucune règle (les grands sites, comme Pompéi ou Herculanum, restent toujours ouverts) : une information à prendre en compte en planifiant son séjour !

Postes – Du lun. au vend. de 8h à 13h30, le sam. également pour les bureaux les plus importants.

Restaurants – Ils sont généralement ouverts de 12h à 15h et de 19h30 à 22h30/23h. En juillet et en août, il est possible de dîner jusqu'à 1h, voire 2h du matin dans certaines *pizzerie*.

JOURS FÉRIÉS

Un jour férié se dit *giorno festivo*, un jour ouvrable *giorno feriale*. Sont fériés les 1er et 6 janvier, dimanche et lundi de Pâques, 25 avril (anniversaire de la Libération de 1945), 1er mai, 2 juin (fête de la République), 15 août (Ferragosto), 1er novembre, 8, 25 et 26 décembre. En outre, en Italie, chaque ville fête son saint patron : San Gennaro à Naples, le 19 sept.

MUSÉES ET MONUMENTS

Horaires, ci-contre.

Les tarifs d'entrée sont élevés (de 3 € jusqu'à 11/13 € pour les curiosités majeures comme Caserta, Pompéi ou Herculanum). Tarif réduit pour les moins de 25 ans et les étudiants, sur présentation de leur carte. Dans les musées et monuments nationaux, l'entrée est gratuite pour les moins de 18 ans. Entrée libre également dans certains d'entre eux pour les plus de 65 ans et les handicapés ressortissants de l'UE, ainsi que le 1er dim. du mois.

À l'occasion de la Nuit des musées *(Notte dei Musei)* et de la Semaine du patrimoine (*Settimana dei beni culturali*), dont la date est fixée d'une année sur l'autre, certaines institutions publiques ouvrent leurs portes gratuitement (se renseigner auprès des offices de tourisme). Différents forfaits sont proposés.

« Arriver à Naples, forfaits visite », p. 3.

POSTE

Les timbres *(francobolli)* s'achètent dans les postes et de rares bureaux de tabac : comptez 0,95 € pour envoyer une lettre (20 g) en Europe (2,30 ou 3 € pour les autres pays) et environ une semaine pour qu'elle arrive à destination. Les boîtes aux lettres sont rouges ; les boîtes aux lettres bleues sont réservées au courrier international.

La poste centrale de Naples, piazza Matteotti, est plutôt efficace mais souvent bondée : prenez un ticket et restez zen. Le site www.poste. it recense toutes les adresses des bureaux de poste (cliquer sur « postali », puis « ufficio postale »).

Posta Centrale – Piazza Matteotti, 2 ***E4-5***- ☎ 081 42 89 814.

POURBOIRE

Le service est inclus dans la note : on ne vous réclamera jamais de pourboire. Rien n'empêche cependant de laisser quelques euros après un bon repas. Les chauffeurs de taxi attendent que vous arrondissiez à leur avantage : à vous de décider.

PRESSE

Il Mattino (généraliste ; www.ilmattino.it) est le quotidien napolitain le plus lu ; sans rival pour connaître les événements culturels.
La Repubblica (centre gauche ; www.repubblica.it), publiée à Rome, et le *Corriere della Sera* (www.corriere.it), basé à Milan, proposent une édition napolitaine.
La brochure mensuelle gratuite *Qui Napoli (dans un office de tourisme ; téléchargeable sur le www.inaples.it)* mentionne les principales manifestations culturelles et sportives se déroulant pendant votre séjour.

RESTAURATION

Voir aussi « Saveurs napolitaines », p. 126.
Ristorante, trattoria, osteria – Difficile de distinguer un restaurant d'une *trattoria*, d'une *osteria* ou d'une *locanda*. Pour faire simple, on dira que le *ristorante* sert une cuisine élaborée dans un cadre élégant, tandis que les *trattorie* et *osterie*, plus petites et souvent de gestion familiale, proposent une cuisine authentique à des prix plus abordables.
Dans les *trattorie* typiques, le serveur (qui est souvent le propriétaire) vous présentera les plats du jour sur une ardoise ou à voix haute. Dans ce dernier cas, afin d'éviter une addition salée, n'hésitez pas à demander la carte.
Les vins en pichet sont de qualité très variable. Sachez cependant que c'est souvent dans les établissements à l'allure modeste, *trattorie* familiales ou petites *osterie* et *pizzerie* de quartier, que se vivent les meilleures expériences culinaires !
L'*enoteca* (bar à vins) offre une alternative agréable aux traditionnelles *trattorie*. C'est l'endroit idéal pour déguster un verre de vin en grignotant une *bruschetta* (tartine de pain grillée avec garniture), un plat de cuisine plus internationale ou une planche de charcuterie.
Manger sur le pouce (mangiare un boccone in piedi) – La *street-food* est très présente à Naples, particulièrement dans le quartier de Spaccanapoli *(voir « Se restaurer, p. 72)*. Les visiteurs moins aventureux se rabattront sur une pizza *al taglio* (à la part) ou un *panino*, simple ou *ripieno* (fourré). Les *panini* italiens ne ressemblent en rien à leurs pâles imitations françaises. Au *prosciutto* et à la mozzarella, végétarien ou aux antipasti, le *panino* est l'ami du voyageur et de celui qui aime manger au soleil, sur une place.
La *paninoteca* ou *panineria* (boutique à sandwichs) propose une grande variété d'en-cas. Adressez-vous d'abord à la caisse pour régler votre consommation, puis, avec votre ticket *(lo scontrino)*, récupérez votre commande au comptoir.
Le *tramezzino* (sorte de club-sandwich : tranches de pain de mie triangulaires garnies de viande, mayonnaise, tomates) semble recueillir la faveur des Italiens, mais n'est pas forcément le meilleur.
Et il serait impardonnable de faire l'impasse sur les *gelaterie* : les glaces napolitaines passent pour les meilleures d'Italie.

SANTÉ

Les ressortissants de l'UE bénéficient de la prise en charge des soins s'ils ont une pièce d'identité en cours de validité et sont munis de la **carte européenne d'assurance-maladie**. Pour l'obtenir, il faut en faire la demande au moins quinze jours avant le départ auprès de votre caisse d'assurance maladie. Si votre voyage est prévu dans un délai inférieur à deux semaines, on vous délivrera un certificat provisoire de remplacement, valable trois mois.

Plus d'informations : ✆ 36 46 - www.ameli.fr.

Maladies – Seuls problèmes à craindre : les coups de soleil et l'insolation. Attention notamment lors des traversées en bateau et des visites de sites antiques. Prévoyez crème solaire et chapeau ; hydratez-vous régulièrement.

Premiers secours – En cas de problème sérieux, il est conseillé de se faire transférer à Rome ou rapatrier.

Pharmacies – Les pharmacies italiennes *(farmacia)* sont signalées par une croix rouge et blanc.

Les jours de fermeture, les noms des médecins et pharmacies de garde (*farmacie di turno*) sont affichés. Consultez les sites www.farmacieaperte.it ou www.paginegialle.it/farmacie-turno.

Médecins – La plupart des médecins et pharmaciens parlent une langue étrangère (français, anglais). Vous trouverez toujours un médecin à proximité, même sur une petite île comme Procida.

Pas de panique !, p. 97.

SAVOIR-VIVRE

Les Napolitains sont extrêmement accueillants. Ils vous aideront spontanément, avec le sourire.

À ne pas faire – Parler de la Camorra ou de la Mafia, ou proférer des clichés blessants du type « l'Italie du Nord fait vivre l'Italie du Sud ».

S'énerver si un musée ne respecte pas les horaires affichés, s'il est partiellement fermé, ou si un bus arrive en retard : l'Italie du Sud laisse du temps au temps, et c'est ce qui fait en partie son charme.

À faire – Respecter les lieux de culte et les expressions de ferveurs religieuses, même si elles paraissent outrées. Les Napolitains, comme tous les Italiens, sont chatouilleux avec la politesse. En entrant dans un petit café, une boutique ou un restaurant toujours lancer un sonore *buongiorno !* (bonjour), un *buona sera !* (bonsoir), voire un *salve !* (salut) dans un endroit décontracté. Même chose en repartant, en sachant qu'*arrivederci !* (au revoir) est plutôt réservé aux adieux chaleureux.

La règle veut aussi de faire preuve d'un minimum d'élégance lors de la *passeggiata*, la promenade rituelle préprandiale, *a fortiori* pour sortir ensuite dîner.

Le langage des gestes – Les Italiens parlent avec les mains. Décrypter ce langage réclame une habitude d'autant plus longue... qu'il admet des variantes régionales ! Le mieux est de ne pas se risquer à interpréter un geste : de grands mouvements de bras ne traduisent pas forcément la colère.

SÉCURITÉ

Naples a mauvaise réputation. Si la présence mafieuse existe encore, elle reste souterraine et n'a aucune incidence sur le touriste lambda. Les seuls dangers contre lesquels il faut se prémunir sont les pickpockets et le *scippo*, le vol à l'arraché en scooter. Évitez de vous promener avec un appareil photo volumineux en évidence, laissez vos biens les plus précieux en sécurité là où vous logez, et ne conservez jamais vos papiers d'identité dans votre sac (faites des photocopies). Les trains de banlieue et certains quartiers sont réputés difficiles le soir, à tort ou à raison : les quartiers espagnols, la Sanità et, surtout, la proximité de la Stazione centrale. En restant un peu vigilant, en évitant de trop « faire touriste » ou de porter des montres de luxe et des bijoux voyants, vous ne risquez rien.

TABAC

L'Italie applique scrupuleusement les directives de l'Union européenne : il est interdit de fumer dans les lieux publics et les transports en commun. Cette interdiction s'applique aussi bien dans les restaurants que dans les bars, pubs ou discothèques. Le prix d'un paquet de cigarettes se situe autour de 5 €.

TÉLÉPHONE

Les cabines fonctionnent à pièces et à carte. On peut se procurer des cartes de téléphone *(scheda telefonica)* New Welcome ou Enjoy dans les agences Telecom Italia, ainsi que dans les bureaux de tabac. Prix des cartes : 5 € et 10 €. Ces cartes fonctionnent aussi avec votre téléphone portable.
Parmi les numéros utiles :
✆ **176 : renseignements internationaux** (International Directory Assistance). Fournit des informations sur les numéros de téléphone à l'étranger, en italien et en anglais. Service payant.
✆ **170 : appels internationaux par l'intermédiaire d'opérateurs** (Operator Assisted International Calls). Service payant.
Appels depuis l'Italie :
- vers la France : 00 + 33 + n° du correspondant sans le 0 initial ;
- vers la Belgique : 00 + 32 + n° de la zone sans le 0 + n° du correspondant ;
- vers le Luxembourg : 00 + 352 + n° de la zone sans le 0 + n° du correspondant ;
- vers la Suisse : 00 + 41 + n° de la zone sans le 0 + n° du correspondant.

Appels à l'intérieur du pays – Composez l'indicatif de la ville commençant toujours par 0 + le n° du correspondant. Les numéros de téléphone mobile commencent par 3.

TOILETTES

Les toilettes publiques sont presque inexistantes. De plus en plus, les cafetiers réservent l'usage de leurs toilettes à leurs clients.

TRANSPORTS

Un plan des transports en commun figure au dos du plan détachable, dans le dernier rabat de couverture.

P.-E. Forsberg/age fotostock

Dans le quartier Spagnoli, la station du funiculaire.

En transports en commun

À Naples, le réseau **Unico Campania** comprend des lignes de métro et de bus, un tramway et plusieurs funiculaires. Même billet quel que soit le mode de transport.

UnicoCampania – ✆ 081 551 31 09 - www.unicocampania.it.

Tickets – En vente dans le métro, les kiosques et les bureaux de tabac : **corsa semplice** (1 €), valable pour un seul trajet en zone urbaine ; **corsa semplice 2** (1,20 €), en zone urbaine et péri-urbaine ; **biglietto orario** (1,50 €), valable 90mn sur l'ensemble du réseau après compostage ; **biglietto giornaliero integrato** (4,50 €), utilisable le jour du compostage jusqu'à minuit. Enfin, le **billet settimanale integrato** (15,80 €), valable jusqu'au dimanche suivant le jour de compostage, est seulement rentable pour un séjour de plus de 4 j. avec une arrivée en début de semaine. Ces deux forfaits permettent d'utiliser à volonté tous les transports en commun de la ville.

Bon à savoir – Grâce à l'application **Gira Napoli** (sur iTunes), vous aurez toutes les informations nécessaires pour vous déplacer sur votre smartphone (plan très lisible de la ville et des différents modes de transport, répertoire des lignes de bus, fonction recherche de trajet).

Métro – Les rames fonctionnent de 5h45/6h à 23h.

La **ligne 1** relie le nord de la ville et le Vomero à la gare (Stazione Centrale), piazza Garibaldi, *via* le centre de Naples (stations Dante, Toledo, Municipio et Università). Une nouvelle station, Duomo, pratique pour visiter Spaccanapoli, devrait être inaugurée à l'extrême fin 2015 ou début 2016. La **ligne 2** traverse la cité d'est en ouest, de Pozzuoli à la piazza Garibaldi et Gianturco. La **ligne 6**, du moins jusqu'à la jonction sans cesse repoussée Mergellina-Piazza Municipio, n'offre guère d'intérêt pour les visiteurs.

Bus - Ils circulent de 5h30/6h à 23h/23h30, avec service nocturne (bus numérotés N 1 à 8). À défaut de plan du réseau, pas toujours disponible, consulter le site de l'Azienda Napoletana Mobilità pour préparer son parcours : www.anm.it.

Funiculaires – Ils permettent de rejoindre le Vomero en quelques minutes : funiculaire central (de la piazzetta Augusteo-via Toledo à piazza Fuga ; 6h30-0h30 ; lun.-mar. jusqu'à 22h, vend.-sam. jusqu'à 2h), funiculaire de Chiaia (de la via del Parco Margherita à la via Cimarosa ; accès par le corso Vittorio Emanuele ; 6h30-0h30 ; merc.-jeu. jusqu'à 22h, vend.-sam. jusqu'à 2h) et funiculaire de Montesanto (de la piazza Montesanto à la via Raffaele Morghen ; tlj 7h-22h). Le funiculaire de Mergellina (à proximité du port Sannazzaro ; accès par le tunnel della Vittoria ; tlj 7h-22h) relie la via Mergellina à la via Manzoni.

Dans les environs – Pozzuoli et la région des champs Phlégréens sont réliés au centre de Naples par la ligne de train de la **Cumana/Circumflegrea** (terminus piazza Montesanto ***D3***) et par le métro (**ligne 2**).

Herculanum, Pompéi, Castellammare, Vico Equense et Sorrento sont desservis par le train **Circumvesuviana** et par le **Naples-Sorrento** depuis la Stazione centrale ***H2***, gare d'où partent également les trains pour Caserta.

Rens. : www.eavsrl.it

Dans les îles et sur la côte – À Capri (en dehors du funiculaire), Ischia ou Procida, le bus est l'unique moyen de transport collectif. Différents forfaits sont proposés par Unico Campania : Unico Costiera, Unico Ischia, etc.

Rens. : www.unicocampania.it

En taxi

S'assurer que le compteur fonctionne en montant à bord. Il existe aussi des tarifs fixes en zone extra-urbaine. Les courses sont moins chères qu'en France, mais la note peut être salée si vous restez coincé dans les embouteillages. En zone urbaine, la prise en charge est de 3,50 € (6 € de 22h à 7h et les jours fériés) et de 0,05 € par 60 m ou toutes les 10 sec. À Capri, les taxis décapotables à vélum sont nettement plus onéreux, mais tellement chics !

Radio Taxi Napoli : ✆ 081 88 88 - www.consorziotaxinapoli.it

En bateau

Vous prendrez le bateau à Naples pour rejoindre Capri, Ischia et Procida (*p. 57 et p. 60*). Les liaisons sont fréquentes. Elles s'effectuent en **traghetto** (lent, mais moins cher) ou en **aliscafo** (hydroglisseur rapide, plus onéreux, où il est souvent impossible

de bronzer, voire de s'asseoir en haute saison!). Le bateau est aussi un moyen agréable de visiter les villes de la côte amalfitaine.
Attention, ces excursions peuvent revenir cher.
Informations générales
Metròdelmare – www.metrodelmare.it.
Les principales compagnies :
Alilauro – ✆ 081 49 72 222 - www.alilauro.it.
Caremar – ✆ 081 55 13 882 - www.caremar.it.
Gescab – ✆ 081 70 41 921 - www.gescab.it
NLG – ✆ 081 55 20 763 - www.navlib.it.
SNAV – ✆ 081 42 85 555- www.snav.it.

En voiture

Location – À envisager seulement si vous comptez sillonner la région. Les grandes sociétés internationales de location de véhicules sont présentes à l'aéroport et à la gare. Comptez à partir de 25 €/j. sur la base d'une location de 3 j. (assurance tous risques non incluse).
Louer une voiture à Ischia est une bonne idée. Comme les loueurs sont très nombreux à Ischia Porto, n'hésitez pas à négocier, surtout en dehors de la saison estivale.
Cartes routières – Pensez à vous munir de cartes routières avant de partir : cartes Regional Michelin 564 (Italie du Sud), Local Michelin 362 (Campania, Basilicata) ou Atlas routier et touristique Michelin Italie. Calculez votre itinéraire sur www.viamichelin.fr.
Conduite – Les Italiens roulent vite, ils téléphonent en conduisant (même à scooter) et vous collent s'ils vous trouvent trop lent : gardez votre calme! Pour traverser un passage protégé, le piéton doit s'imposer et ne jamais hésiter une fois qu'il s'est engagé!
Essence – En Italie, le pompiste sert son client, sauf à Ischia où toutes les pompes sont en self-service (prévoyez des billets de 10 €).
Attention, sur les routes, les stations-service ferment de 12h30 à 15h. Les carburants sont plus chers qu'en France (env. 1,70 € le litre d'essence sans plomb; plus de 1,80 € à Ischia).
Garer sa voiture en ville – Un vrai casse-tête en l'absence de parking privé dans les hôtels du centre! Et aussi un coût élevé, du fait de la nécessité d'utiliser des parkings gardés pour espérer retrouver son véhicule intact. Les cartes de stationnement à gratter *(gratta e parcheggia)* s'achètent dans les bureaux de tabac et les kiosques à journaux. On trouve parfois des horodateurs.
Connaître le code des couleurs est indispensable : jaune pour interdit, bleu pour payant (8h-20h) et blanc pour gratuit. Les panneaux rectangulaires *Zona a traffico limitato riservata ai veicoli autorizzati* signalent le début d'une zone à trafic limité. Ne pénétrez pas dans ces quartiers anciens aux ruelles étroites sous peine d'amende.
En cas d'accident – Un constat devra être établi par un agent de police auquel vous demanderez une copie pour votre assurance. Pour

bénéficier du secours routier de l'ACI (Automobile Club d'Italia), composez le 803 116.

En deux-roues

Permis de conduire et pièce d'identité exigés. Paiement d'avance et port du casque obligatoire. Toujours vérifier l'état du véhicule.
Si le deux-roues est le moyen idéal pour découvrir Ischia, Procida, voire éventuellement Capri, la circulation dans l'enfer pétaradant de Naples, s'adresse aux initiés. Comptez de 20 à 25 €/j. Là encore, toute possibilité de négociation n'est pas exclue, surtout hors saison.

VÉLO

Bike Sharing, encore balbutiant, permet déjà de se balader gratuitement pendant 30 mn maximum, en particulier sur le Longomare (stations près du Castel dell'Uovo ***DE8*** et piazza Vittoria ***C7***). S'inscrire sur le site Internet au préalable, puis télécharger l'application « Bike sharing napoli » sur son smartphone.
Rens. : www.bikesharingnapoli.it

VIE NOCTURNE

Les lieux festifs ne manquent pas : piazza Bellini ***E2-3***, piazza del Gesù Nuovo ***E3***, piazza dei Martiri ***D6***, Castel dell'Ovo et via Partenope ***DE7-8***, via Ferrigni ***C6***, la « rue des bars », piazza Vanvitelli ***B4*** et autour, Mergellina ***hors plan par A8***...
Après la *passeggiatta* et l'apéritif de début de soirée, les Napolitains sortent une fois qu'ils ont dîné, aux alentours de minuit. Premier arrêt : les bars et pubs ouverts sur la rue. La fin de la nuit se passe en discothèque, sur la plage ou dans la rue.

VISITE

« Arriver à Naples, forfaits visite », p. 3.

VISITES GUIDÉES

La plupart des musées et monuments disposent d'audioguides gratuits ou payants (jusqu'à 6,50 € à Pompéi). En dehors des visites guidées de Napoli Sotterranea (*p. 22*), d'innombrables formules, de durée variable, sont proposées toute l'année, tant à Naples que dans la région et les îles. Consulter l'office de tourisme ou contacter l'un de ces deux organismes :
www.guideturistichenapoli.com
www.visiteguidatecampania.it

Agenda culturel

Festival, fêtes religieuses et rendez-vous culturels : le **calendrier festif** napolitain et campanien est d'une grande richesse.

Bon à savoir. Le site Internet de la commune de Naples (www.comune.napoli.it ; en anglais et en italien) répertorie tous les événements culturels par genres.

« Votre séjour de A à Z, Presse », p. 102.

RENDEZ-VOUS ANNUELS

Janvier

▶**Épiphanie** – (6 janvier) - La Befana (sorcière) récompense les enfants sages d'une friandise et donne un morceau de charbon aux autres.

▶**O Cippo 'e Sant'Antuono** – (17 janvier) - Grand nettoyage de début d'année. Les habitants brûlent les sapins et leurs vieilleries sur les places publiques.

Février

▶**Carnaval** – (avant le merc. des Cendres) - Défilés de carnavaliers déguisés à Naples et dans différentes villes de Campanie.

Mars/avril

▶**San Giuseppe** – (19 mars) Marché aux oiseaux dans la via Medina à Naples.

▶**Semaine sainte** – Les fêtes pascales, comme à Sorrento ou à Procida le Vendredi Saint, donnent lieu à des cérémonies grandioses et colorées, avec leurs cortèges de bannières, d'images, de statues et de *battenti incappucciati* (flagellants encapuchonnés).

Avril-mai

▶**Sorrento Piano Festival** – Récitals de piano avec solistes de renom ; www.societaconcertisorrento.it.

Mai

▶**Miracle de San Gennaro** – Le samedi précédant le 1er dim. de mai, ainsi que le 19 septembre et le 16 décembre, liquéfaction du sang de San Gennaro (saint Janvier), patron de Naples.

W. Bibikow/Mauritius/Photononstop

Anges musiciens dans une rue du quartier Spagnoli.

▶**Mai des monuments** – Chaque week-end du mois (vend.-dim.). Manifestations culturelles, visites guidées et ouverture exceptionnelle de certains monuments.

▶**Wine & The City** – Pendant quinze jours, le vin est célébré dans une centaine de lieux de la ville ; www.wineandthecity.it.

Juin

▶**Napoli Teatro Festival Italia** – Théâtre, ballets et spectacles de cirque au Castel Sant'Elmo et divers lieux (www.napoliteatrofestival.it).

▶**Ischia Film Festival** – (fin juin-déb. juil.) - Axée sur les relations entre cinéma et nature ; www.ischiafilmfestival.it.

▶**Pizza Festival** – Pendant quinze jours, nombreux événements (musique, gastronomie, etc.) célébrant la pizza organisés par l'Associazione Verace Pizza Napoletana (www.pizzanapoletana.org).

Juillet/août

▶**Estate a Napoli** – (juil.-sept.) - Près de 150 manifestations (spectacles, films, etc.) à travers la ville durant tout l'été ; www.comune.napoli.it.

▶**Ravello Festival** – Concerts et poésie dans les plus beaux sites de la ville (www.ravellofestival.com).

▶**Fête de la Madonna del Carmine** – (15 juillet) Autour de l'église Santa Maria del Carmine, sur la piazza Mercato à Naples.

▶**Neapolis Live Festival** – (w.-end fin juil.) - Pointures internationales du rock ; www.neapolis.it.

▶**Sant'Anna** – (26 juillet) Défilé de chars aquatiques et feux d'artifice sur l'île d'Ischia ; www.festadisantanna.it.

▶**Assomption** – (15 août) Procession sur la plage dédiée à la Vierge noire et reconstitution du débarquement des Sarrasins à Positano.

▶**International Chamber Music** – (juil.) - Festival international de musique de chambre à Positano et à Sorrento ; www.icmcfestival.com.

Septembre

▶**Settembrata Anacaprese** – Un mois de jeux et de gastronomie à Anacapri.

▶**Fête de Piedigrotta** – (nuit du 7 au 8 septembre) Cérémonie religieuse dans l'église de la Madone de Piedigrotta à Mergellina, suivie d'un feu d'artifice en soirée sur le port.

Décembre

▶**Immaculée Conception** – (8 décembre) Début officiel des fêtes de Noël.

▶**Fêtes de Noël** – La crèche et la messe de minuit perdurent dans la tradition napolitaine, également très attachée au culte des morts.

▶**Sorrento Jazz Festival** – Concerts de jazz lors de la 2e quinz. du mois ; www.sorrentojazz.it.

▶**31 décembre** – Feu d'artifice au Castel dell'Ovo et concert sur la piazza del Plebiscito.

EXPOSITIONS TEMPORAIRES

Les plus importantes se tiennent à l'**Agorà Morelli** (via Domenico Morelli, 61 **C7** - www.agoramorelli.it) et dans les lieux suivants : **Museo Storico Nazionale**, **Galleria de Capodimonte** et **Duca di Martina**.

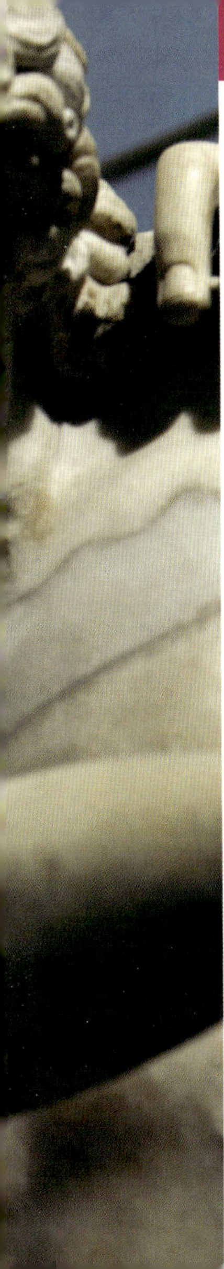

Pour en savoir plus

Naples en quelques dates **114**
Naples, fille du Vésuve **116**
Naples baroque **118**
Religion et fêtes traditionnelles **123**
Saveurs napolitaines **126**
Politique et économie **130**
Musique et opéra **134**
L'école napolitaine de peinture **136**

Musée Archéologique National, Pan et Daphné.
R. Mattes/hemis.fr

Naples en quelques dates

LES ORIGINES (6E S.-31 AV. J.-C.)

6e-5e s. - Des colons grecs de Cumes fondent Parthénope qui prendra bientôt le nom de Neapolis (la Ville Neuve).
5e s. - Domination des Étrusques sur la Naples et la Campanie ; les Samnites s'emparent de Pompéi.
4e s. - Naples alliée de Rome conserve sa culture grecque.
264-146 - Guerres puniques.
1er s - Naples, plus importante ville d'Italie du Sud.
90-80 - Sylla s'empare de Pompéi, qui devient une colonie romaine à l'économie florissante.

L'EMPIRE ROMAIN (27 AV. J.-C.-476 APR. J.-C.)

79 - Destruction de Pompéi et d'Herculanum par une éruption du Vésuve.
1er-2e s. - Pax Romana : la Campanie devient l'une des plus riches provinces romaines.
305 - Décapitation de l'évêque saint Janvier, sur ordre de Dioclétien,
476 - Le Barbare Odoacre dépose le dernier empereur romain, Romulus Augustule, et le fait enfermer au Castel dell'Uovo.

MOYEN ÂGE ET RENAISSANCE (5E S.-15E S.)

536 - Le chef d'armée Bélisaire s'empare de Naples et assure la suprématie byzantine sur la région et l'Italie.
9e s - Raids arabes contre Naples, Amalfi et Salerno.
11e s. - Les Normands en Italie du Sud ; début des croisades.
1165 - Construction du Castel Capuano par les Normands.
1266 - Charles Ier d'Anjou couronné roi de Sicile ; début de la période angevine.
1282 - Construction du Castel Nuovo.
1302 - Dynastie d'Anjou à Naples.
1309-1343 - Robert d'Anjou attire savants, artistes et poètes à la cour de Naples, à commencer par **Boccace**.
1442 - Alphonse V d'Aragon triomphe de René d'Anjou ; début de la période aragonaise.
1484 - Construction des fortifications auxquelles appartient la Porta Capuana.

DU 16E S. À L'ÉPOQUE NAPOLÉONIENNE

1504 - Naples rattachée à l'empire des Habsbourg d'Espagne.
1532 - Don Pedro de Tolède, vice-roi de Naples, engage d'importants travaux (tracé de la via Toledo et construction des quartieri Spagnoli pour loger ses troupes).
17e s. - Naples, deuxième ville d'Europe après Paris.
1631 - Terrible éruption du Vésuve.
1647 - Insurrection populaire et éphémère révolution de **Masaniello**.

Mary Evans Picture Library/Photononstop

Gravure figurant une éruption du Vésuve.

1656-1658 - Une épidémie de peste tue les trois quarts des habitants de Naples (300 000 morts).
1707-1734 - Naples sous domination autrichienne.
1734 - Charles de Bourbon, roi de Naples.
1737 - Édification du Teatro San Carlo.
1799 - Instauration de l'éphémère République parthénopéenne, inspirée des idéaux de la Révolution française.
1806-1808 - Joseph Bonaparte, roi de Naples.
1808-1815 - **Joachim Murat**, roi de Naples, entreprend des réformes, comme l'abolition de la féodalité.

DE L'UNITÉ AUX GUERRES MONDIALES (1815-1945)

1860 - Expédition des Mille et arrivée de Garibaldi à Naples : le Sud italien libéré de la domination des Bourbons.
Mars 1861 - Proclamation du royaume d'Italie de Victor-Emmanuel II.
1915 - Italie ralliée à la Triple Entente.
1922 - Mussolini annonce à Naples qu'il va marcher sur Rome et s'emparer du pouvoir.
1940 - Entrée en guerre de l'Italie aux côtés de l'Allemagne.
1943 - Débarquement des Alliés à Naples.

DE L'APRÈS-GUERRE À NOS JOURS

1980 - Un violent tremblement de terre secoue Naples et la Campanie.
1993 - Antonio Bassolino (Démocrates de gauche) maire de Naples.
2001 - Rosa Russo Jervolino (coalition de gauche), maire de Naples.
2007-2008 et 2010 - Crise des déchets à Naples à la suite de la saturation des décharges.
2014 - Luigi De Magistris, élu maire de Naples en 2011, est condamné pour abus de fonction... mais refuse de démissionner.
2015 - Inauguration de la station de métro Municipio (ligne 1). Vincenzo **de Luca** (centre-gauche), maire de Salerno, s'empare de la région.
2016 - Achèvement prévu de la station de métro Duomo (ligne 1), réalisée par Massimiliano Fuksas, abritant un parc archéologique.

Naples, fille du Vésuve

Excessive, bruyante, volcanique, changeante, déroutante, miraculeuse, secrète, sombre, lumineuse... Naples est tout cela, et bien plus encore. Un mot, pourtant, approche le mieux l'identité de cette reine de la mise en scène : le baroque. Car la fille du Vésuve est baroque en tout : excessive, sans concession, pleine de foi, bonne ou mauvaise. Nul besoin de hanter la chapelle Sansevero ou de s'étourdir de dorures au Duomo pour s'en convaincre : Naples théâtralise sa présence au monde. La rue est sa scène ; le Vésuve, son metteur en scène.

Naples ne tolère pas le juste milieu : elle se fait aimer ou haïr. Impénétrable, elle avance masquée, sans jamais cesser d'être elle-même, conservant une part d'ombre qui rend chaque visite unique. Naples la brouillonne bouillonne, fascine, agace, sans jamais laisser indifférent. Naples la rebelle aime son histoire comme on aime tout court, avec déraison, violence, absolu. Naples la croyante croit à tout, en désordre, et avec ferveur – au Saint-Esprit, à la Vierge, au sang du saint protecteur, qui se liquéfie plusieurs fois l'an, ce mystère qu'aucun scientifique n'osa jamais percer, à Maradona aussi, ce dieu fait footballeur.

Naples dit tout et son contraire. Elle cultive ses paradoxes sans y penser, en dilettante, spectatrice d'elle-même et de ces siècles qui ont forgé son identité. Naples la baroque aime se voir belle en son miroir, alourdie d'or et de faste, fascinée par sa propre légende. Mais qui est-elle vraiment ?

19 SEPTEMBRE, 9H DU MATIN

Pour comprendre Naples, il faut rejoindre la foule, baisser la garde : « devenir » napolitain. Un 19 septembre, 9h du matin, sur le parvis du Duomo. Il fait bon. L'été hésite à se retirer, il fait durer le plaisir. La ville entière s'est donné rendez-vous dans l'imposante cathédrale. Aujourd'hui, c'est jour férié. Les Napolitains sont venus assister au miracle de la liquéfaction du sang de saint Janvier **(San Gennaro)**, protecteur de la ville.
Les premiers arrivés sont les plus âgés. Ils se pressent vers l'autel, le regard empli d'une dévotion muette. Ensuite viennent leurs enfants, puis les enfants de leurs enfants, tour à tour joueurs et râleurs. Il y a aussi les journalistes et leurs caméras concentrées vers la fiole minuscule, objet de culte et de spéculations. De chaque côté de l'autel, deux écrans géants retransmettent la cérémonie. La cathédrale, d'ordinaire recueillie dans un silence respectueux, bruisse, s'impatiente, s'étonne, trépigne.
Le sang se liquéfie : le brouhaha s'intensifie. Puis plus rien. Rassurée, Naples sort de son église et rejoint la rue colorée. Certains retardataires rejoignent l'église pour injurier San Gennaro qui a oublié de réaliser leurs

vœux ou le menacer de représailles spirituelles. Le miracle a eu lieu à 10h. La ville respire. Seule appréhension : la liquéfaction un peu tardive fait craindre une saison difficile pour le club de foot de Naples.
voir encadré p. 125.

SACRO-SAINT FOOTBALL

Le foot, l'autre religion des Napolitains. Avec son idole, élevée au rang de divinité par la rue napolitaine : Diego Armando Maradona. Avec Naples, il gagne une Coupe d'Italie en 1987, la Coupe de l'UEFA en 1989 et une Super coupe d'Italie en 1990. Un cafetier lui a édifié un autel en face de la statue du Nil, à Spaccanapoli, où un cheveu de « l'homme aux pieds d'or » et une fiole remplie de larmes de joie des *tifosi* sont conservés. Le style Maradona ? Déroutant, magnifique, plein de ces improvisations qui font de sa ville d'adoption l'anti-« ville-musée ».

LE BONHEUR EST DANS LA RUE

L'autre personnage central de Naples, c'est la rue. Cette rue changeante, au caractère ombrageux, aux déguisements infinis, rue polichinelle, rue antique, rue qui fait peur. On la dit voleuse, elle se révèle câline, accueillante, parfois râpeuse. La rue se métamorphose au gré des saisons et des heures. La rue est pleine de bruits, de scooters qui vrombissent, d'autos qui rebondissent sur la pierre lavique. Il y flotte l'odeur matinale des *sfogliatelle*, la pâtisserie typique de Campanie, et celle, délicate, du café. Des hommes y parlent de tout, d'autres de rien. L'intimité des *bassi*, minuscules habitations ouvertes sur la rue, s'affiche sans fausse pudeur. Des paniers descendent en apesanteur, vides, et remontent, miraculeusement remplis, jusqu'aux étages. Des ruelles obscures ou *vicoli* semblent mener au centre de la Terre. Les enfants, ces demi-dieux rieurs, y courent et trébuchent, leurs sandales claquant sur les pavés.

UN CARACTÈRE VOLCANIQUE

Enfin il y a le Vésuve, père protecteur, qui surveille ou châtie et offre à Naples un décor magique. Coincée entre le sombre Vésuve et le pâle volcan Solfatara, près de Pozzuoli, la ville est un ventre, un chaudron de bruit, de fureur et de vies. On s'y agite beaucoup, pour peu de choses. Le soir venu, après l'école, les gamins aux yeux espiègles reprennent leurs droits. Ce sont peut-être eux les vrais maîtres de la cité. Ils sont partout, courent, s'esclaffent, jouent au ballon. La rue a trouvé ses princes. Les passants s'en amusent et s'arrêtent parfois pour quelques passes. Le Vésuve les surveille, de loin, et il les aime, ces lutins des rues. Ce sont ses enfants aussi, après tout. Lui aussi s'amuse avec le soleil, qui fait le gros dos sur ses pentes charbonneuses. Le noir arrive sur la pointe des pieds, sans faire de bruit, le Lungomare s'illumine, les scooters pétaradent joyeusement. La nuit est là. Naples l'accueille en souriant, et nous sourions avec elle.

Naples baroque

LE BAROQUE

Réponse artistique à la Contre-Réforme, le baroque est censé illustrer avec virtuosité et faste la suprématie de la papauté. Ce courant exubérant et dynamique s'exprime pleinement à Rome, avec ses deux principaux représentants que sont **le Bernin** (1598-1680) et **Francesco Borromini** (1599-1667). Relayé par l'Église, mais aussi par tout un éventail d'ordres religieux florissants, Jésuites, Dominicains et autres Chartreux, il ne tarde pas à se répandre dans le sud de la péninsule, jusqu'à Palerme, en passant par Lecce, et bien sûr par Naples. Le baroque napolitain possède une identité très particulière, effet de l'influence qu'exercent d'abord Rome, puis les maîtres de la ville, l'Espagne et l'Autriche.

DON PEDRO DE TOLEDO

Naples prend l'allure d'une ville moderne grâce à l'action d'un Castillan, **don Pedro de Toledo**, nommé vice-roi en 1532. Ceinte de nouveaux remparts, elle est percée d'un axe nord-sud qui prend le nom de via Toledo, en l'honneur de son initiateur. Suivant les fossés de la cité antique, la via Toledo met en relation l'ancienne Neapolis gréco-romaine (Spaccanapoli) avec le nouveau siège du pouvoir espagnol, où se trouvent désormais les actuels Palazzo Reale et Teatro San Carlo. Situé à la pointe en surplomb, le Castel Nuovo défend l'entrée du port. Entre le Vomero et la via Toledo, un quartier de logements est rapidement loti au cours de la seconde moitié du 16e s. à l'intention des troupes espagnoles : il a conservé son nom de *quartieri Spagnoli*. À l'est de l'artère, c'est-à-dire du côté de la ville ancienne et de Spaccanapoli, le plan d'urbanisme prévoit d'élever une succession de palais appartenant à l'aristocratie.

LE PREMIER BAROQUE

Vers 1600, l'architecture des palais édifiés par la noblesse locale s'inspire encore profondément des modèles romains. L'architecte le plus important du moment, **Domenico Fontana** (1543-1607), œuvre d'ailleurs aussi à l'urbanisation de Rome. À Naples, il laisse plusieurs églises et surtout le Palazzo Reale, vaste et sobre construction très remaniée par la suite, dans laquelle l'architecte superpose les trois ordres antiques. L'architecte et sculpteur **Cosimo Fanzago** (1591-1678), natif de Bergame, entretient une relation particulière avec Naples, ville pour laquelle il travaille quasi exclusivement. Cet infatigable artiste s'entoure d'une cohorte d'artisans. La cité lui doit quelques-uns de ses plus beaux monuments : une myriade d'églises, de chapelles, d'autels, de

décors et de palais, comme le Palazzo Zevallos Stigliano. Surtout, grâce à Cosimo Fanzago, le baroque atteint à Naples sa plus belle expression : à l'église et au cloître de la Certosa di San Martino, appelés à marquer durablement les esprits.
Cosimo Fanzago passe ainsi pour l'inventeur du « premier baroque » napolitain, art qui, sans abandonner complètement une certaine rigueur structurelle héritée du maniérisme, se caractérise par son goût du mélange des marbres colorés et par l'importance que prend le décor, d'un dynamisme, d'une richesse et d'une opulence inégalés.
L'art baroque est marqué à la fin du 17e s. par la personnalité de **Lorenzo Vaccaro** (1655-1706), auteur surtout de monuments funéraires appelés à servir de modèles au siècle suivant.

LE BAROQUE AU 18E S.

Naples connaît une importante extension urbaine au 18e s. Peuplée d'environ 100 000 habitants au début du 16e s., à son rattachement à la couronne d'Espagne, elle est alors devenue, avec 360 000 habitants, la deuxième ville la plus peuplée d'Europe après Paris. Les tremblements de terre de 1688 et 1693 ont occasionné de gros dégâts : nombre de façades d'églises, notamment, sont à relever, quand il ne s'agit pas tout simplement de remettre les édifices au goût du jour.
Deux noms émergent tout particulièrement au début du 18e s. D'abord celui de **Domenico Antonio Vaccaro** (1678-1745), fils de Lorenzo Vaccaro. Décorateur et architecte d'églises, il donne à Naples l'un de ses monuments les plus célèbres : le cloître Santa Chiara (1678-1745), agrémenté de merveilleuses faïences.
Ferdinando Sanfelice (1675-1748) demeure cependant le principal représentant de l'architecture baroque à Naples dans la première moitié du 18e s. Sanfelice construit des édifices religieux ainsi que des palais pour l'aristocratie de la ville. C'est à ce scénographe très théâtral que revient la paternité des plus beaux escaliers « ouverts » à double volée, comme celui du Palazzo dello Spagnolo, via dei Vergini. Édifiés au fond des cours et ouverts à l'origine sur des jardins, ces escaliers en forme de seconde façade constituent la grande originalité et le principal ornement des palais napolitains.

SCÉNOGRAPHIES BAROQUES

À la différence de Rome, Naples possède peu de grandes places ornées de ces fontaines si chères à l'urbanisme baroque. La fontaine monumentale la plus « romaine » de la ville, dédiée à Neptune, est une œuvre collective à laquelle participa notamment Cosimo Fanzago. Elle a changé plusieurs fois d'emplacement avant de s'établir via Medina. Les autres ressemblent plutôt à des arcs de triomphe (Fontana del Giante, via Partenope, près du Castel dell'Ovo ; Fontana del Sebeto, à Mergellina).
Plus caractéristiques peut-être de la Naples baroque sont les **obélisques** ou *guglie* ornant les places. Utilisant différents matériaux, ces flèches

ont été élevées en signe d'action de grâces : l'une après l'éruption de 1631 qui épargna la ville (*guglia* de San Gennaro), d'autres après la peste de 1656 (*guglia* de San Domenico Maggiore et *guglia* de la piazza del Gesù, dédiée à l'Immaculée Conception).

NÉOCLASSICISME NAPOLITAIN

Après 1734, le royaume de Naples n'est plus sous la tutelle autrichienne. Le nouveau roi, Charles Ier, entreprend une vaste politique de rénovation de la ville. De nouveaux palais sont élevés, à commencer par celui de Capodimonte, tandis que le théâtre San Carlo voit le jour.
Luigi Vanvitelli (1700-1773) demeure le grand architecte au milieu du 18e s. à Naples : Charles III de Bourbon lui confie notamment les plans du grandiose palais de Caserta, dont il souhaite faire son Versailles. Au milieu du 18e s., le ton est maintenant à la rigueur, à l'équilibre, à la retenue néoclassique, esthétique que poursuit son fils **Carlo Vanvitelli** (1739-1821) à Naples.

SPÉCIFICITÉS NAPOLITAINES

Le **portail** est un élément essentiel. En piperno (roche volcanique), l'entrée des palais présente un maximum de théâtralité et une complexité croissante avec le temps ; dans les églises, le portail est précédé d'un parvis et d'un escalier monumental.
L'allure très différente des **façades** des églises napolitaines surprend. Ici on trouve une double façade, là un portique, ailleurs une grande richesse décorative, plus loin les sobres effets chromatiques du marbre et du piperno. Pourtant, ces églises ont été élevées à peu d'années d'intervalle, ou sont quasi contemporaines. Adopter tel ou tel type de façade répondait à des codes indiquant l'appartenance de l'édifice à un ordre religieux précis. C'est l'explication généralement donnée à la très grande diversité de leur physionomie. Mais il peut aussi s'agir de raisons plus prosaïques : manque de place dans un tissu urbain extrêmement dense, remplacement des revêtements d'origine par du stuc pour souligner la polychromie tout en améliorant la luminosité, donc le pouvoir d'attraction de l'édifice...

LEXIQUE D'ART ET D'ARCHITECTURE

Abside - Extrémité intérieure ou extérieure d'une église, derrière l'autel.
Atrium - Cour précédant la façade des édifices religieux paléochrétiens et romans. Dans la maison romaine, cour intérieure, au centre de laquelle se trouvait un bassin *(impluvium)*, généralement entourée d'un portique couvert.
Basilique - Édifice religieux rectangulaire divisé en trois ou cinq nefs.
Bas-relief - Sculpture taillée dans la masse, dont elle se dégage avec une faible saillie.
Bossage - Motif ou revêtement architectural très utilisé à la Renaissance. Les pierres de façade

Dans la chapelle baroque de Sansevero, le Christ de Sammartino.

ALTARE PRIVIL
QUOTID PERPET

sont taillées en saillie sur la paroi externe et entourées de ciselures profondes ou de lignes de séparation.
Chœur - Partie d'une église située entre l'autel et l'abside.
Entablement - Couronnement mouluré d'un édifice.
Fresque - De l'italien *a fresco*; application de peinture sur un enduit frais (et non plus directement sur la pierre).
Fronton - Ornement, le plus souvent triangulaire, placé au-dessus des édifices, portes, fenêtres, niches.
Grotesques - Nom donné aux « grottes », vestiges romains enfouis sous la Domus Aurea (Maison dorée) à Rome. Il désigne des motifs d'ornementation fantastiques inspirés de l'Antiquité.

Haut-relief - Sculpture taillée dans la masse, dont elle se dégage avec une forte saillie.
Impluvium - Bassin bas au centre de l'atrium des maisons, qui permettait de recueillir les eaux de pluie.
Mandorle - Ovale peint ou sculpté en forme d'amande dans lequel le Christ apparaît en gloire dans les scènes du Jugement dernier.
Marqueterie - Assemblage de petites pièces de bois précieux, d'ivoire, de nacre ou de métal, incrustées ou plaquées sur un fond de menuiserie.
Narthex - Portique qui précède la nef d'une église.
Nefs - Parties allongées d'une église : la nef centrale (la plus vaste) et les deux ou quatre nefs latérales (ou bas-côtés).
Ogive - Arc tendu en diagonale servant à soutenir une voûte.
Palestre - Lieu public où se pratiquaient les sports antiques, notamment la lutte et la gymnastique.
Péristyle - Colonnade entourant la cour intérieure ou l'extérieur d'un édifice.
Portique - Galerie ouverte soutenue par un mur et une rangée de colonnes ou par deux rangées de colonnes.
Prédelle - Partie inférieure d'un retable ou d'un polyptyque composée d'une seule longue pièce ou divisée en petits panneaux représentant une série de sujets.
Purgatorium - Pièce destinée aux cérémonies de purification.
Retable - Construction verticale peinte ou sculptée, généralement destinée à être placée sur l'autel.
Stuc - Décor en plâtre (gypse) imitant le marbre et destiné à enduire murs et plafonds.
Tesselles - Carrés de moins de 1 cm^2 de terre cuite, de verre ou de pierre taillée qui, une fois assemblés, forment les mosaïques ou les pavements.
Transept - Vaisseau transversal coupant la nef principale d'une église et lui donnant la forme d'une croix.
Triclinium - Salle à manger où les commensaux prenaient les repas étendus sur des lits disposés sur trois côtés.
Trompe-l'œil - Peinture donnant l'illusion de la perspective et des reliefs.

Religion et fêtes traditionnelles

À l'image de leurs voisins méditerranéens, les Italiens, particulièrement dans le Mezzogiorno, sont très attachés à leurs traditions familiales et religieuses. L'année est rythmée par la célébration des fêtes catholiques. Certains saints font l'objet d'un culte fervent, comme San Gennaro, principal saint protecteur de Naples. Ces manifestations révèlent combien les traditions restent vivantes et profondément ancrées dans le quotidien en Campanie.

LES PRESEPI NAPOLITAINS

Le mois de décembre commence avec la décoration de la **crèche** *(presepe)*, mentionnée dès le Moyen Âge. Le rôle des crèches, à Naples comme ailleurs, était de raconter l'histoire de la Nativité à des populations pour l'essentiel analphabètes. Il suffisait de faire varier la position des personnages ou d'en ajouter d'autres, en s'adaptant à l'« actualité » de la période de Noël. À l'origine, les crèches étaient installées dans les églises, comme c'est le cas aujourd'hui, et sur les principales places de la ville. De simples statuettes en bois au 15e s., les figures devinrent en terre cuite au 16e s., parfois des mannequins en bois que l'on habillait pour plus de réalisme. Le caractère exubérant, coloré et bouillonnant de vie du baroque napolitain explique l'engouement extraordinaire que connaît la crèche napolitaine au 18e s. Débordant du cadre de l'église ou de la place publique, elle envahit désormais les palais : réaliser une crèche devient l'un des passe-temps favoris de l'aristocratie et de la haute bourgeoisie. Avec le temps, et l'émulation aidant, le décor des crèches ne cesse de se complexifier. Les scènes gagnent en profondeur, multipliant le nombre de plans, tandis que les personnages sont de plus en plus nombreux, pouvant dépasser la centaine. Les crèches baroques du 18e s. ne se contentent plus de raconter la Nativité. Multipliant les anecdotes, les détails réalistes et les scènes profanes, elles deviennent le reflet de la vie à Naples au 18e s. et autant de documents inestimables pour l'historien.

LA BEFANA

L'Épiphanie, le 6 janvier, clôt officiellement les fêtes de Noël. C'est aussi le dernier jour des vacances de Noël. La croyance veut qu'une vieille femme, la Befana, sillonne alors le ciel sur un balai, à la recherche de l'Enfant Jésus. Sur son chemin, elle dépose jouets et bonbons pour les enfants sages et un morceau de charbon pour les autres. À condition bien sûr qu'ils aient pensé, la nuit du 5 au 6 janvier, à laisser leurs chaussettes sur la fenêtre ou sur le balcon !

LE CARNAVAL

Traditionnellement, le **carnaval** débute à Naples le 17 janvier, jour de la Sant'Antonio Abate. Sur les places de la ville, on amasse tout ce qui peut être brûlé jusqu'à former un grand bûcher sur lequel on place l'effigie du roi de carnaval, affublé d'un masque portant une pipe à la bouche. Jusqu'à la fin du mois se succèdent défilés de carnavaliers festifs, soirées animées en bord de mer, et claquements incessants de pétards. Aujourd'hui, le véritable roi du carnaval de Naples, c'est l'enfant. Il n'hésitera pas à vous poursuivre et à vous jeter des projectiles malodorants. Mais cela n'a pas toujours été le cas ! Sous Charles III, les festivités duraient un mois, jusqu'à Mardi gras. À côté des fêtes luxueuses et des défilés de chars splendides coexistait une tradition plus terrible, celle des **cocagnes**, liée à l'extrême pauvreté sévissant dans une ville comptant près de 20 % de sans-abri (soit env. 60 000 personnes). Sur la place royale étaient acheminées des tonnes de terre, puis on ajoutait toutes sortes de victuailles, fromages, cochonnailles, voire des animaux vivants afin de reconstituer une sorte de paradis terrestre. À midi, chaque dimanche précédant Mardi Gras, le roi apparaissait à son balcon. Après un coup de canon, les soldats qui gardaient la place se retiraient et laissaient la foule s'y engouffrer. Elle emportait tout ce qu'elle pouvait, égorgeant les animaux et les débitant sur place en quartiers. Les gens s'entre-tuaient. Chaque dimanche se transformait en un véritable bain de sang, avec de nombreux blessés et même des morts.

LA SEMAINE SAINTE

Elle ponctue le mois d'avril de ses innombrables représentations et processions, qui symbolisent l'errance et le désarroi de la Vierge entre le moment où le Christ est arrêté et la Crucifixion. La ferveur s'exprimant les quatre jours de Pâques, qu'il s'agisse des chemins de croix ou de l'hommage aux défunts, est sans doute à mettre en relation avec la longue présence espagnole.
Les festivités de la Semaine sainte prennent une résonance toute particulière dans l'île de Procida. Pendant toute la journée du Vendredi saint, la statue du Christ mort est portée en triomphe de l'abbaye San Michele, sur les hauteurs de la vieille ville, jusqu'au port. À Sorrento, où les confréries sont nombreuses et actives, plusieurs processions se déroulent durant la Semaine sainte, chacune arborant une couleur spécifique. La procession noire du Vendredi saint, avec ses pénitents vêtus de couleur sombre, est pathétique et accompagnée d'un chœur de plusieurs centaines de chanteurs entonnant un *Miserere*.
La frontière entre pratiques chrétiennes et rites païens n'est pas toujours très nette. Ainsi, pendant la Semaine sainte, dans l'île d'Ischia, les festivités catholiques s'accompagnent

La fête de San Gennaro

La fête de saint Janvier, saint patron de Naples, incarne à merveille l'imbrication entre sacré et profane qui caractérise la piété napolitaine. En 305, Gennaro, évêque de Benevento, est décapité par les Romains près de Posillipo, entre Pozzuoli et le cratère volcanique de Solfatara (à l'ouest de Naples). Quelques gouttes de sang du martyr sont recueillies dans deux ampoules de cristal. Chaque année, le samedi précédent le 1er dimanche de mai, le 19 septembre et le 16 décembre, la foule se presse au Duomo pour assister au miracle de sa liquéfaction. Si le sang est fluide et coule vite, l'année promet d'être généreuse pour les Napolitains. San Gennaro les protégera des épidémies, des colères du Vésuve, et assurera peut-être la victoire de leur équipe de foot ! Les Napolitains ne manqueraient la fête pour rien au monde. Il faut venir aux aurores pour apercevoir quelque chose !

de *ndrezzate*, célébrations d'anciens rites de fécondité chantés par des hommes munis d'épées et de bâtons.

LES SAINTS

La Vierge Marie occupe, si l'on peut dire, la place d'honneur. Le 15 août, la fête de Ferragosto donne lieu à d'importantes célébrations à Naples comme dans tout le sud de l'Italie. À côté de la vénération de la Vierge, fêter le saint protecteur d'une ville en souvenir d'une action héroïque ou miraculeuse est une pratique encore très courante en Campanie. Durant ces manifestations, la ferveur catholique se mêle souvent à des rites teintés de paganisme. Elle s'accompagne aussi de tout un cortège de superstitions. Tel ou tel événement sera interprété comme un signe envoyé par le divin. À l'instar des rêves que l'on a pu faire, il suffira de consulter la *smorfía*, le « livre des songes », pour traduire l'événement observé en nombre, puis d'inscrire celui-ci sur sa grille de loto.

LE MALOCCHIO

Le *malocchio*, c'est le « mauvais œil », la *jettatura*, la malchance ou le mauvais sort, dont il faut à tout prix se protéger. Le moyen le plus simple est de faire comme les Napolitains, c'est-à-dire de toucher l'une de ces amulettes qu'ils ont toujours quelque part au fond de leur poche. Pour être efficace, le talisman doit répondre à des critères précis : avoir la forme d'une petite corne recourbée et pointue, être de couleur rouge, le tout rappelant l'aspect d'un piment *(corno rosso)*.
Par ailleurs, ces talismans contre le mauvais œil doivent impérativement être de consistance dure et rigide (en os ou en corail traditionnellement), et avoir été fabriqués à la main.
Des vendeurs en proposent un peu partout dans les ruelles de Spaccanapoli. Inutile d'en acheter un pour vous-même ! Une amulette qui n'a pas été donnée en cadeau n'aura pas le pouvoir d'écarter le mauvais sort qui s'acharnerait sur vous !

Saveurs napolitaines

Riche en poissons, crustacés et coquillages, la cuisine napolitaine fait aussi la part belle aux saveurs venues de Campanie, aux légumes et aux produits laitiers. On a tort de la limiter à la seule pizza, de n'y voir qu'une sorte de « cuisine de pauvres » : elle est un hymne aux saveurs de la terre et de la mer.

LA PIZZA

Dès l'époque romaine, on consommait des fougasses à l'huile d'olive, agrémentées de sauge, de romarin, d'oignons ou d'olives. Le terme *pizza* dériverait du latin *pinsa*, qui signifie « aplati ». La *pizza margherita* est inventée à Naples en 1889 pour la reine Marguerite de Savoie. Elle reprend les couleurs du drapeau national : sauce tomate pour le rouge, basilic pour le vert et *mozzarella* des Apennins du Sud pour le blanc. On connaît le succès, et les avatars malheureux, de cette recette à travers le monde. Après avoir consulté les pizzaioli de la région de Naples, le ministère de l'Agriculture italien a fait paraître un article au *Journal officiel* rappelant la recette traditionnelle : la vraie pizza doit être circulaire, ne pas dépasser 35 cm de diamètre ni avoir plus de 3 mm d'épaisseur (2 mm supplémentaires pour la croûte). Outre la *margherita*, seules la *marinara* (ail et origan) et la *margherita extra* (tomates fraîches, *mozzarella* de bufflonne de Campanie et basilic) sont considérées comme les authentiques pizzas napolitaines. L'Associazione Verace Pizza Napoletana (www.pizzanapoletana.org) décerne le label Vera pizza napoletana aux établissements dignes de confiance.

Composition d'un menu

Commander primo et secondo piatto est exceptionnel, à moins d'avoir un très sérieux appétit ! Sur les cartes, ces plats sont volontiers classés en deux catégories, piatti di mare et piatti di terra, selon que leurs ingrédients proviennent de la mer ou de l'arrière-pays.

***Antipasti** (hors-d'œuvre) **:** de belles expériences culinaires en perspective, notamment pour les poissons, les fruits de mer et la charcuterie.*

***Primo piatto :** plat de pâtes, soupe ou potage (minestra ou zuppa) de légumes ou de poissons.*

***Secondo piatto :** plat de résistance ; viande, poisson ou fruits de mer.*

***Contorno :** la garniture du secondo piatto, très souvent des légumes poussant sur les terres fertiles de Campanie, donc variant au gré des saisons. Ils sont servis cuits (verdura cotta) ou crus, à commencer par la classique salade verte (insalata verde).*

***Dolce :** le dessert, sauf exception, est rarement inoubliable, à moins de le commander dans un restaurant haut de gamme.*

Glace au citron dans un kiosque de Capri.

Un caffè !
C'est le cri de ralliement matinal des Napolitains lorsqu'ils pénètrent dans les établissements aux effluves corsés. Le café, à Naples, est une religion : selon les règles (pas toujours respectées !), il est servi sucré afin de rester mousseux et accompagné d'un verre d'eau, souvent pétillante. On raconte que les Napolitains ont coutume de boire l'eau avant le café, tandis que les Siciliens préfèrent la prendre après. L'espresso napolitain, serré dans une demi-tasse, se déguste debout, au comptoir, par petites gorgées.

LA PASTA

Les pâtes auraient été importées de Chine par Marco Polo. Cependant, les tombes étrusques de Cerveteri conservent la trace d'instruments de fabrication des pâtes, et de grands auteurs latins, Cicéron et Apicius, mentionnent déjà les lasagnes!
La recette est simple : il suffit de mélanger un dôme de farine de blé à un peu de sel et d'eau, le tout agrémenté d'œufs frais le dimanche. Les femmes étaient chargées de pétrir longuement la préparation avant de la laisser reposer jusqu'à obtention d'une pâte fine et souple. Les machines à fabriquer les pâtes, dites *asciutte* (séchées à l'air), furent inventées au début du 19e s.
Naples possède ses propres spécialités de pâtes : des simples et populaires *spaghetti aglio e uoglio* (à l'ail et à l'huile) et autre *pasta e fagioli* (pâtes et haricots), à la *pasta della vigilia* (palourdes, pignons et raisin secs), servie le 24 décembre, en passant par les *maccheroni* en timbale et les *spaghetti alle vongole* (coques).

SECONDI PIATTI

Les poissons, généralement issus d'élevage, sont vendus au poids et servis grillés ou *all'acqua pazza*, accompagnés de petites tomates. Les fruits de mer sont poêlés avec de l'ail et de l'huile ou servis en salade rafraîchissante. Parmi les spécialités figurent de nombreux plats à base d'anchois *(alici)* et de poulpes *(polpi alla Luciana)*.
Les plats traditionnels de viandes, ingrédient plus rare longtemps réservé à l'élite, sont moins nombreux. Citons tout de même le délicieux *cacciucco*, un ragoût épicé typiquement napolitain.

DOUCEURS

Le *tiramisù*, la *crostata* (tarte aux fruits), la *panna cotta* (crème cuite servie nature ou nappée d'un coulis de fruits rouges, de caramel ou de chocolat), l'*affogato al caffè* (glace à la vanille arrosée d'un café très chaud), le *budino al cioccolato* (flan au chocolat), le *zabaione* (sabayon) ou la *cassata siciliana* (crème de *ricotta*, chocolat et fruits confits) font partie des « classiques nationaux ».
La *sfogliatella* (*ricotta* fraîche, vanille et orange confite), qui peut être *riccia* (en forme de coquillage feuilleté) ou *frolla* (petit chausson), est la reine des pâtisseries napolitaines depuis sa création au 18e s., conjointement

avec le baba au rhum. De nombreuses pâtisseries napolitaines sont associées à des fêtes : ainsi, la *pastiera napoletana* (tarte au blé cuit, *ricotta*, fleur d'oranger), inséparable de Pâques.
Que dire des glaces napolitaines *(gelati)*, sinon qu'elles sont les plus variées, les plus généreusement servies, et peut-être les meilleures d'Italie ! Ce serait un crime de quitter Naples sans avoir visité l'un de ses nombreux glaciers !

FROMAGES

C'est l'une des grandes fiertés de Naples et de sa région ! La *mozzarella di bufala campana*, vendue sous forme de boules, est la star des fromages de Campanie et l'ingrédient obligé d'une bonne pizza. La *ricotta* est un fromage frais consommé salé ou sucré. À tester enfin, bien que plus rares : la *provola*, fromage à pâte filée issu de lait de bufflonne, et le *fior di latte, mozzarella* à base de lait de vache très utilisée par les glaciers.

VINS ET BOISSONS

Les Napolitains accompagnent leur repas d'eau minérale, de bière, et de vin dans les grandes occasions. La Campanie produit d'excellents vins (15 DOC et [illegible] DOCG, équivalents des AOP/AOC). Le plus anonyme *vino della casa* en pichet peut s'avérer tout à fait buvable. Les meilleurs vins (DOCG) proviennent du centre de la Campanie : le Taurasi (rouge), le Fiano di Avellino (blanc) et le Greco di Tufo (blanc). Les appellations Campi Flegrei, Ischia, Capri, Vesuvio, Penisola Sorrentina et Costa d'Amalfi sont originaires de Naples et de son golfe (blancs, rouges, plus rarement rosés). En fin de repas, on vous offrira certainement un petit verre de *limoncello*, digestif naturel à base de citron, provenant de Capri ou de la côte amalfitaine. La *grappa*, quant à elle, est un marc de raisin originaire de Vénétie.

LE CAFÉ

Il se commande *ristretto* (serré) ou *lungo* (allongé), à moins de souhaiter un *cappuccino* ou un *macchiato* (café noisette). Accompagné d'un pousse-café, c'est un *corretto*.
Les Napolitains ont adopté tardivement le café, au 19e s.
La clameur des vendeurs ambulants anime la ville avant que n'apparaissent les grands cafés historiques, comme le Gran Caffè Gambrinus *(voir p. 79)*, fondé en 1860.
Le secret du café préparé dans la **cuccumella**, cafetière traditionnelle napolitaine utilisée au 19e s., réside dans le *coppetiello*, petit cône de papier placé sur le bec qui conserve au café tout son arôme.
Traditionnellement en cuivre, la cafetière se compose de deux parties superposées. Quand l'eau bout dans le récipient inférieur, tout l'art consiste à la retourner sans s'éclabousser ni se brûler, afin que l'eau passe à travers le filtre central. Contrairement à la cafetière traditionnelle (ou *moka*) qui grogne, on dit que la napolitaine chante...

Politique et économie

DE SOLIDES ATOUTS

La capitale du Mezzogiorno a de solides atouts pour devenir une grande et florissante métropole moderne. Ville démographiquement active, la plus jeune d'Italie, Naples possède un très fort pouvoir d'attraction. Avec ses plages bordant le littoral du golfe et des îles, ses paysages éblouissants, son patrimoine artistique d'une richesse inépuisable, Naples et sa région attirent des milliers de visiteurs et profitent de la manne d'un tourisme en plein essor, favorisé par la présence d'un grand port capable d'accueillir des croisiéristes toujours plus nombreux.

En outre, Naples possède un arrière-pays fertile. La Campanie est la première région agricole du Sud italien. En terrasses, sur les riches terres volcaniques des versants du Vésuve, poussent céréales, légumes, agrumes et vignes, tandis que les sols à haut rendement des plaines sont favorables à toutes sortes de cultures à forte valeur ajoutée : vergers, maraîchage, céréales, betterave sucrière, vigne...

DIFFICILE RELATION AVEC LE POUVOIR

Naples passe pour une ville pauvre, polluée, comme engluée sous l'effet d'un manque d'infrastructures et d'un mal chronique qui se nomme **corruption**. Cette image, dont elle parvient difficilement à se départir, Naples la doit à sa longue histoire. Des efforts ont été faits pour redresser la barre, mais ils ont souvent été contrariés ou sont restés à l'état de vœux pieux, faute d'intérêt des maîtres successifs de la ville, puis de l'État italien.

Naples, prise par les Romains au 4e s. av. J.-C., est soumise au Moyen Âge à la tutelle de Byzance, puis à celle des Normands, avant de subir la domination de la dynastie des Anjou et celle de l'Aragon à la Renaissance. Après être ainsi passée de main en main, Naples voit se succéder des vice-rois du 16e au 18e s. Nommés pour quelques années par l'autorité espagnole puis autrichienne, ces derniers s'intéressent peu à la ville à un moment où les grandes monarchies européennes modernisent leurs capitales et créent des manufactures. Seul **don Pedro de Toledo** fait exception à la règle avec ses travaux d'urbanisme. Naples n'existe durablement comme entité politique que sous les Bourbons, de 1734 à 1799, période pendant laquelle la cité brille enfin comme elle le devrait, c'est-à-dire comme l'une des plus grandes villes d'Europe. Pendant que les fouilles d'Herculanum braquent les yeux sur elle, Naples s'embellit et s'industrialise.

La suite n'est qu'une longue désillusion. L'unification italienne

s'effectue largement au désavantage du Mezzogiorno et de Naples. Rome est choisie comme capitale. Pire encore, le considérable effort financier réclamé au Sud pour équilibrer le budget du jeune État bénéficie largement au Nord.
En conséquence, le retard de développement de Naples et de l'Italie du Sud, qui existait déjà selon certains historiens, se creuse encore un peu plus. L'absence de politique d'industrialisation, au lendemain de l'unification italienne, accentue une pauvreté et un chômage déjà endémiques. Dès lors, pour survivre, la seule solution est souvent d'émigrer vers le Nord ou de participer aux agissements de la mafia locale, la **Camorra**.

SE RELEVER

Malgré le manque d'infrastructures, Naples et sa région parviennent à attirer de grandes entreprises au lendemain de la Seconde Guerre mondiale, de la construction automobile à l'industrie lourde. Favorisée par son port, aujourd'hui encore l'un des plus importants d'Europe, la ville rattrape son retard et devient le troisième centre industriel du pays. Traversant une grave crise dans les années 1970, le secteur industriel se diversifie, s'orientant notamment vers les technologies de pointe. Parallèlement, le tertiaire connaît un essor important. Aujourd'hui, il emploie plus de la moitié des actifs.
Dans le même temps, la cité s'étend sans véritable schéma directeur autour d'un centre historique comme figé, impression que l'on ressent encore aujourd'hui. Des quartiers neufs naissent sur le littoral vers l'ouest. Les faubourgs populaires s'étendent à l'est de la piazza Garibaldi et le long du littoral est, où alternent ensembles résidentiels et complexes industriels. Les classes moyennes s'installent sur la colline du Vomero. Quant aux classes aisées, elles campent depuis plusieurs générations sur la colline de Posillipo et dans le quartier de Chiaia.
Régulièrement, la ville est secouée par des affaires de corruption et de spéculations immobilières opposant les édiles, comme celle qu'a immortalisée Francesco Rosi dans *Main basse sur la ville* (1963). Le tremblement de terre de 1980, imposant la construction d'urgence de 20 000 logements, s'accompagne lui aussi d'un cortège d'affaires douteuses, sans que l'on se soucie de créer les indispensables routes et autres infrastructures.

UN RENOUVEAU ?

Le *Nuovo Rinascimento Napoletano*, coïncidant avec l'élection d'un enfant du pays, **Antonio Bassolino**, à la mairie de Naples (1993-2001), va changer la donne. Est alors engagée une politique ambitieuse de restauration du patrimoine, d'élan culturel et de développement des transports en commun. Devenu président de la région Campanie (réélu en 2005), Antonio Bassolino est remplacé par son adjoint, puis par **Rosa Iervolino**, dite Rosa Russo

Iervolino, élue maire également sous la bannière de l'alliance de L'Olivier (centre gauche). Première femme à la tête de la municipalité, Rosa Russo Iervolino est réélue en 2006. Les élections de 2011 adouberont maire de Naples, à la surprise générale, le quadragénaire **Luigi De Magistris**. Mais l'ancien juge d'instruction qui dénonçait la corruption est lui-même condamné pour abus de pouvoir en 2014... et s'accroche à son fauteuil ! Pendant ce temps, Naples s'enlise dans ses vieux démons : pauvreté (23 % des familles vivent au seuil de pauvreté ou en dessous), chômage (50 % des jeunes) et corruption (concussion, achats de voix, collusion avec la Camorra, etc.).

LA CRISE DES DÉCHETS

En 2008, 6 000 tonnes d'ordures s'accumulent dans les rues de Naples. Les habitants, excédés, incendient les poubelles. Sans collecte différenciée, les rares décharges en activité et non saturées en Campanie ne peuvent accueillir légalement les déchets. La Camorra napolitaine, à l'affût, joue sa carte afin d'exploiter pour son compte le juteux marché de l'élimination des déchets. La situation se normalise peu à peu avec l'intervention de la protection civile et de l'armée. Elle n'est pas réglée pour autant, loin de là : chaque soir, les poubelles débordent à Naples.

LA CAMORRA

Apparue à Naples au début du 19e s., la Camorra disparaît presque, avant de renaître en 1950 à la suite du débarquement américain, source d'innombrables trafics dans la ville dévastée par la guerre. Dans les années 1980, ses activités concernent principalement la cocaïne, la prostitution et le détournement des allocations versées par l'État après le tremblement de terre. Depuis les années 1990, la Camorra multiplie les opérations financières et capte les revenus liés à l'immigration clandestine : Naples compte officiellement près de 70 000 immigrés, dont la moitié sont des femmes. Les années 2000 sont jalonnées de règlements de comptes dans la banlieue napolitaine et de défilés populaires condamnant cette violence. L'arrestation en 2010 d'Antonio Iovine, chef de la Camorra, puis d'Antonio Lo Russo dit l'Anguille en 2014 en France, chef de l'important clan des Capitoni, semble avoir porté un coup dur à l'organisation.

Gomorra

*Le livre de **Roberto Saviano** est une immersion dans les eaux troubles de la Camorra napolitaine. Son auteur vit sous escorte policière depuis la parution de l'ouvrage, vendu à plus de 4 millions d'exemplaires dans 42 pays. Saviano explore de l'intérieur une région dominée par la criminalité organisée, sur fond de guerres entre clans rivaux et de trafics en tout genre : contrefaçon, armes, drogue et déchets toxiques. Adapté à l'écran en 2008 par Matteo Garrone, Gomorra a reçu le grand prix du Festival de Cannes 2008.*

Les enfants jouent au foot sur la place del Plebiscito

Musique et opéra

Au début du 18e s., c'est à Naples, et non plus à Rome ou à Venise, que l'on entend les meilleurs opéras. La ville conserve le haut de l'affiche jusqu'à la fin du 18e s., quand les castrats renommés dans le monde entier se produisent dans l'un de ses nombreux théâtres. Le **San Carlo**, aujourd'hui un peu à l'arrière-plan, est alors la scène la plus prestigieuse d'Europe, tant par sa capacité, étonnante pour l'époque, que par l'incomparable qualité de sa programmation.

L'OPERA SERIA

Généralisé, sinon inventé à Naples, l'*opera seria* fait se succéder, après une ouverture instrumentale, airs et récitatifs. Les chanteurs sont l'équivalent des stars d'aujourd'hui, à commencer par les *prime donne* et les castrats, dont les meilleurs, comme le célèbre **Farinelli**, sont formés à Naples. Les airs permettent aux chanteurs d'exprimer tout l'éventail de leur talent, d'émouvoir jusqu'aux larmes et d'émerveiller l'instant d'après par leur virtuosité, leurs ornements et leurs vocalises à la faveur d'une reprise ou *da capo*.
L'opéra napolitain définit le « beau chant », le *bel canto*, imité dans toute l'Europe pendant plusieurs décennies, terme associé par abus de langage à l'art de Rossini ou de Puccini.
Le pionnier et le maître incontesté du genre à Naples est **Alessandro Scarlatti** (1660-1725), auteur d'une cinquantaine d'opéras. Sa musique, en avance sur celle de son temps, fait souvent penser à celle de Haendel, pourtant né 25 ans plus tard. Les livrets mis en musique s'inspirent volontiers de la mythologie ou de l'histoire. Ils racontent des histoires d'amour contrarié par la jalousie ou par l'ambition. Tout rentre généralement dans l'ordre et se termine par un *happy end* au troisième et dernier acte.
Naples est une pépinière de talents. Outre **Francesco Durante** (1684-1755), qui forme l'essentiel des compositeurs napolitains de la génération suivante, il faut citer **Nicola Porpora** (1686-1768), appelé à une carrière internationale, **Leonardo Vinci** (1690-1730), le très prolifique **Leonardo Leo** (1694-1744) et **Giovanni Battista Pergolesi** (1710-1736), auteur du fameux *Stabat Mater*. Les compositeurs de cette génération formeront les futurs talents joués aussi bien à Naples qu'à Vienne et dans toute l'Europe de la seconde moitié du 18e s. : **Niccolò Jommelli** (1714-1774), **Tommaso Traetta** (1727-1779), **Niccolò Piccinni** (1728-1800) et autres **Giovanni Paisiello** (1740-1816).

L'OPÉRA-BOUFFE

Pendant l'entracte d'un opéra-bouffe, se jouent des *intermezzi,* intermèdes en forme de farces qui connaissent un gros succès auprès du public. *La Serva padrona (La Servante maîtresse)* de Pergolesi, donnée à Naples en 1733, déclenchera une querelle en 1752-1754, lors de sa reprise à Paris, entre les tenants d'une certaine tradition française perpétuée par Rameau et les partisans de Rousseau, favorable à la légèreté de l'*opera-buffa* à l'italienne. Né à Naples, l'opéra-bouffe connaîtra une brillante destinée. Après **Paisiello**, l'un de ses meilleurs représentants, il sera illustré par les plus grands, à commencer par **Wolfgang Amadeus Mozart** (*Les Noces de Figaro* ou *Così fan tutte*) et **Gioacchino Rossini** (1792-1868), directeur du Teatro San Carlo, avec *Le Barbier de Séville*.

FUNICULÌ FUNICULÀ

Composé pour commémorer l'ouverture de la ligne de funiculaire du Vésuve, ce n'est là qu'un des standards de la chanson napolitaine, au même titre que les célébrissimes *Reginella* ou *O sole mio*. La **chanson** populaire napolitaine, chantée par un ténor léger accompagné généralement d'une guitare, paraît désinvolte à une oreille peu attentive. Spontanée, elle se caractérise par son expressivité communicative, par une certaine tendresse et son approche compassionnelle. La tradition la fait naître au 18e s., mais certaines formes sont d'origine beaucoup plus ancienne, comme la tarentelle, danse alerte censée guérir celui (ou celle) qui a été piqué par une tarentule. La chanson *Cicerenella* est certainement la plus célèbre des tarentelles. La chanson napolitaine connaît son apogée au début du 20e s., par le biais des émigrants. Elle possède ses grands classiques : **Aurelio Fierro** (1923-2005) ou surtout **Roberto Murolo** (1912-2003). Bien vivante, la chanson napolitaine est incarnée aujourd'hui par des artistes évoluant dans l'univers de la musique ancienne, comme **Marco Beasley** ou **Pino De Vittorio**. Tous deux apportent un soin attentif à restituer la sonorité très particulière de la langue napolitaine.

La commedia dell'arte

Née au 16e s., la commedia dell'arte est une improvisation sur un thème réglé d'avance. Des personnages masqués y incarnent des types populaires tels le valet (Arlequin), paysan obtus mais rusé ; le fanfaron (Polichinelle) ; la soubrette (Colombine) ; l'amoureux (Pierrot) ; le fourbe (Scapin) ; le reître (Fracasse ou Scaramouche) ; le bouffe (Pantalon) et le musicien (Mezzetin), qui profèrent des traits de moquerie bouffonne, ou lazzi. Cette forme de théâtre, aux aspects caricaturaux parfois triviaux, exerça une influence notable en France aux 17e et 18e s.

***Silvio Fiorillo** fut sans doute le premier acteur à jouer le Pulcinella grossier, au nez crochu, symbole de Naples, bien connu chez nous sous le nom de Polichinelle. Son fils, **Tiberio Fiorillo**, créa le personnage fanfaron du capitaine Scaramuccia (qui signifie « vieux renard »). Naples est encore aujourd'hui un haut lieu du théâtre (scenegiatta) qu'il soit d'avant-garde, politique, dramatique ou satirique.*

L'école napolitaine de peinture

LE CARAVAGE ET LES TÉNÉBRISTES

Vers 1606, Michelangelo Merisi, dit **le Caravage** (1573-1610), fuyant Rome où il est accusé d'homicide, arrive à Naples. Son art, d'un réalisme cruel et sans compromis, utilisant des personnages empruntés au monde populaire et opposant de violents contrastes d'ombre et de lumière, exerce une profonde influence sur la peinture à Naples : **Giovanni Battista Caracciolo** (1578-1635), **Artemisia Gentileschi** (1593-1652), installée à Naples vers 1630, ou **Mattia Preti** (1613-1699), dit « le Cavalier calabrais », lui sont redevables.

RIBERA

Caravagesque lui aussi, l'Espagnol **José de Ribera** (1591-1652) profite des faveurs des vice-rois pour devenir le peintre le plus important de la ville et accaparer les commandes de 1616, date de son installation à Naples, jusqu'à sa mort. Jaloux, *lo Spagnoletto* aurait voulu attenter à la vie de peintres travaillant à Naples, comme Guido Reni, Giovanni Lanfranco ou encore le Dominiquin !

ROSA, L'INCLASSABLE

Salvator Rosa (1615-1673) occupe une place à part. Peintre, poète, graveur, acteur, auteur de pièces de théâtre et satiriste à la vie tumultueuse, Salvator Rosa travaille peu pour sa ville natale, mais il joue un rôle de précurseur en donnant, comme son ami Claude le Lorrain, le premier rôle au paysage. Excellant dans la représentation des batailles et de portraits énigmatiques, il est aussi l'auteur d'étonnantes scènes de sorcellerie.

ENTRE BAROQUE ET CLASSICISME

Baroque, mais déjà tenté par la clarté et le souci d'équilibre du classicisme, **Luca Giordano** (1634-1705) est un artiste dont la production considérable lui vaut le surnom de *fa presto* (« travaille vite »). Son art léger et décoratif, non dénué de fougue et d'une belle luminosité, se démarque de celle des autres grands décorateurs contemporains par son humanité et son refus de l'emphase (fresques à San Gregorio Armeno). **Francesco Solimena** (1657-1747) perpétue sa manière, avant de se rapprocher du ténébrisme et même du classicisme : ses peintures se caractérisent alors par des compositions équilibrées où les effets de clair-obscur modèlent les volumes, leur conférant rigueur et solidité.

A

Achats 100
Aéroport (Capodichino)............. 3
Agenda culturel.................. 109
Amalfi.............................. 66
Amalfitaine, côte.................. 64
Antipasti 126
Aragonais (dynastie) 20
Architecture 118
Argent 97
Art contemporain 21
Art et d'architecture, lexique 120
Avion 3, 96

B

Baroque, art 118
Bars 79
Bassolino, Antonio 131
Bateau 106
Beasley, Marco.................... 135
Befana, la 123
Bernin (Gian Lorenzo Bernini, dit le) 118
Bloomsbury, groupe.................. 69
Boccace........................... 114
Borromini, Francesco.............. 118
Bus 106

C

Café 129
Calendrier festif.................. 109
Camorra (mafia) 131, 132
Campania Artecard Napoli 3
Capri (île) 57
- Anacapri 59
- Arco Naturale..................... 58
- Belvedere di Migliera 60
- Belvedere di Tragara 59
- Capri, ville....................... 57
- Certosa di San Giacomo 58
- Grotta Azzurra.................... 60
- Marina Grande 60
- Monte Solaro 60
- Punta Carena 60
- Punta del Cannone 58
- Sentiero dei Fortini............... 60
- Traversée en bateau 57
- Via Krupp 58
- Villa Jovis 58
- Villa Lysis........................ 58
- Villa Malaparte.................... 58

Caracciolo, Giovanni Battista 136
Caravage, le 20, 26, 40, 136
Carnaval 124
Caserta, parc 42
Caserta (Reggia di).................. 41
Chanson........................... 135
Cocagnes.......................... 124
Commedia dell'arte................ 135
Conduite 107
Consulats.......................... 100
Contorno 126
Coppetiello 129
Crèche napolitaine 123
Cucumella 129
Cuisine 126

D

Dates clés 114
Deserto, belvédère du 49
Desserts (dolce).............. 126, 128
Deux-roues 108
Don Pedro de Toledo 118, 130
Durante, Francesco................ 134

E

Économie 130
Essence 107

F

Façades 120
Fanzago, Cosimo........... 26, 34, 118
Farinelli 134
Fêtes....................... 109, 123
Fierro, Aurelio 135
Fiorillo, Silvio 135
Fiorillo, Tiberio.................. 135

Fontana, Domenico 28, 118
Football 117
Formalités 96
Fromages 129

G

Gentileschi, Artemisia 136
Gigante, Giacinto 47
Gioaia, Flavio 67
Giordano, Luca 136
Goya 40
Grappa 129
Grotta dello Smeraldo 66
Guglie (obélisques) 119

H

Hébergement 88
Herculanum 50
Histoire 114
Horaires 100

I

Iervolino, Rosa 131
Ischia (île) 60
- Baignade 62
- Castello Aragonese 60
- Citara 62
- Forio 61
- Ischia Ponte 60
- Ischia Porto 60
- Lacco Ameno 61
- Liaison en bateau 60
- Marina dei Maronti 62
- Monte Epomeo 62
- San Francesco 62
- Sant'Angelo 62

J

Jommelli, Niccolò 134
Jours fériés 101

L

Laurana, Francesco 29
Leo, Leonardo 134
Limoncello 129
De Luca, Vincenzo 115

M

Magistris, Luigi De 132
Malocchio 125
Marie-Caroline d'Autriche 42
Masaniello 114
Mengs, Raphaël 42
Métro 105
Monte Faito 47
Mont Somma 44
Mozart, Wolfgang Amadeus 135
Mura, Francesco De 20
Murat, Joachim 28, 115
Murolo, Roberto 135
Musées 101
Musique 134

N

Naples
- Cappella Sansevero 18
- Castel Capuano 20
- Castel dell'Ovo 30
- Castel Nuovo 29
- Castel Sant'Elmo 32
- Catacombe di San Gennaro 35
- Catacombes de San Gaudioso 35
- Centre monumental 25
- Certosa e Museo di San Martino ... 32
- Chiaia 30
- Cimitero delle Fontanelle 35
- Crèches 18, 34
- Donnaregina (Complesso Monumentale) 21
- Duomo 21
- Galleria Umberto I 26
- Gran Caffè Gambrinus 28
- Lungomare 30
- Madre (Museo d'Arte Contemporanea Donnaregina) 21
- Mergellina 30
- Montesanto 25
- Museo Archeologico Nazionale 36

Museo Civico Filangieri 20
Museo del '900. 32
Museo del Tesoro di San Gennaro. 21
Museo Nazionale di Ceramica Duca di Martina. 34
Napoli Sotterranea 22
Palazzo Cuomo 20
Palazzo e Galleria Nazionale di Capodimonte 38
Palazzo Reale. 28
Palazzo Spinelli di Laurino 24
Palazzo Zevallos Stigliano. 26
Piazza Bellini. 24
Piazza Dante. 24
Piazza del Gesù Nuovo. 14
Piazza del Plebiscito. 28
Piazza Municipio 29
Piazza Sannazzaro 30
Piazza Trento e Trieste. 28
Piazzetta del Nilo 18
Pio Monte della Misericordia. 20
Porta Alba. 24
Porto di Santa Lucia. 30
Quartieri Spagnoli. 25
Rione Sanità 35
San Carlo. 134
San Domenico Maggiore 15
San Ferdinando 28
San Francesco di Paola 28
San Giorgio Maggiore. 22
San Giovanni a Carbonara. 20
San Gregorio Armeno 18
San Lorenzo Maggiore 22
San Lorenzo Maggiore (Complesso monumentale). 22
San Nicola alla Carità 25
Santa Anna dei Lombardi 14
Santa Catarina a Formiello 20
Santa Chiara 14
Santa Maria delle Anime del Purgatorio ad Arco 24
Santa Maria Donnaregina (Complesso Monumentale) 21
Sant'Angelo a Nilo. 18
Santa Restituta 21
Spaccanapoli 14
Teatro San Carlo 26
Via Toledo. 24
Villa Comunale. 30
Villa Floridiana. 34
Vomero 32
Naples, golfe 43
Néoclassicisme. 120
Niemeyer, Oscar 68

O

Obélisques 119
Offices de tourisme 98
Opéra. 134
Osteria 102

P

Paisiello, Giovanni. 134
Paninoteca 102
Parco Nazionale del Vesuvio 44
Parking. 107
Pâtes. 128
Peinture 136
Penisola Sorrentina. 49
Pergolesi, Giovani Battista 134
Pharmacies 103
Piatto, primo 126
Piatto, secondo 126
Piccinni, Niccolò 134
Pizza. 126
Politique 130
Pompéi. 53
Pontano, Giovanni. 24
Porpora, Nicola 134
Portail 120
Positano. 64
Pourboire 101
Pozzuoli 43
Presse. 102
Preti, Mattia 136
Procida (île) 62

Abbazia di San Michele Archangelo 62
Baignade 63
Cala del Pozzo Vecchio 63
Chiaia 63
Ciraccio 63
Isolotto di Vivara 63
Liaison en bateau 62
Marina Chiaiolella 63
Marina Corricella 62
Punta del Pioppeto 63
Punta Pizzaco 63
Terra Murata 62

R

Ravello 67
Reggia di Caserta 41
Religion 123
Restauration 72, 102
Ribera, José de 136
Robert d'Anjou 32
Rosa, Salvator 136
Rossini, Gioacchino 135

S

Saisons 97
Salerno 69
Sanfelice, Ferdinando 119
San Gennaro, fête de 116, 125
Sangro, Raimondo di 18
Sanmartino, Giuseppe 18
Sant'Agata sui Due Golfi 49
Santé 103
Saviano, Roberto 132
Savoir-vivre 103
Scarlatti, Alessandro 134
Sécurité 104
Semaine sainte 124
Shopping 82
Solfatara 44
Solimena, Francesco 136
Sorrento 47
Spectacles 86

T

Tabac 104
Tasse, le (Torquato Tasso) 47
Téléphone 104
Théâtres 86
Titien 38
Toilettes 104
Torre Annunziata 46
Torre del Greco 44
Traetta, Tommaso 134
Train 3, 96
Transports 104
Transports en commun 105
Trattoria 102
Tusquets Blanca, Óscar 25

U-V-W

Urgences 97
Vaccaro, Domenico Antonio 119
Vaccaro, Lorenzo 119
Vallone di Furore 64
Vanvitelli, Carlo 120
Vanvitelli, Luigi 24, 30, 41, 120
Vélo 108
Vésuve, le 44, 117
Vésuve, Parc national du 44
Vico Equense 47
Vie nocturne 108
Villa dei Misteri 56
Villa di Oplontis 46
Vin 129
Vinci, Leonardo 134
Visites guidées 108
Vittorio, Pino De 135
Voiture, location 107
Wagner, Richard 68

Collection Le Guide Vert sous la responsabilité de Philippe Orain

Édition	Natacha Brumard, Emmanuelle Souty
Rédaction	Denis Montagnon, Serge Guillot, Philippe Pataud-Célérier, Véronique Nègre
Cartographie	Géraldine Deplante, Iulia-Elena Fontanine, Daniel Duguay, Denis Rasse Plans de ville : © MICHELIN et © 2006-2014 TomTom. All rights reserved. This material is propritary and the subject of copyright protection, database right protection and other intellectual property rights owned by TomTom or its suppliers. The use of this material is subject to the terms of a license agreement. Any unauthorized copying or disclosure of this material will lead to criminal and civil liabilities.
Iconographie	Delphine Anton, Maria Gaspar, Marie Simonet
Relecture	Marie-Ida Artusi-Tessier
Remerciements	Didier Broussard, Pascal Grougon
Conception graphique	Laurent Muller (couverture et maquette intérieure)
Régie publicitaire et partenariats	business-solutions@tp.michelin.com *Le contenu des pages de publicité insérées dans ce guide n'engage que la responsabilité des annonceurs.*
Contacts	Michelin Guides Touristiques 27 cours de l'Île Seguin, 92100 Boulogne Billancourt Service consommateurs : tourisme@tp.michelin.com Boutique en ligne : www.michelin-boutique.com
	Parution 2016

Crédits photographiques p. 4-5
(de gauche à droite et de haut en bas)

De Agostini Picture Library/De Agostini Editore/age fotostock
A. Capone/AGF RM/age fotostock
A. Lanzellotto/AGF Foto/Photononstop
G. A. Rossi/AGF RM/age fotostock
K. Wothe/Look/Photononstop
J. Arnold/hemis.fr
Eye Ubiquitous/age fotostock
L. Maisant/hemis.fr
J. Arnold/hemis.fr
Zoonar/U+H. Eggenberg/Zoonar GmbH RM/age fotostock

143

Michelin Travel Partner
Société par actions simplifiées au capital de 11 288 880 EUR
27 Cours de l'Ile Seguin - 92100 Boulogne Billancourt (France)
R.C.S. Nanterre 433 677 721

Dépôt légal : 01-2016 – ISSN 0293-9436
Compograveur : IGS-CP, L'Isle-d'Espagnac
Imprimeur : IMEbyEstimprim
Imprimé en France : 04-2017

Usine certifiée 14001
Sur du papier issu de forêts gérées durablement (100 % PEFC)

Comprendre les symboles du guide

★★★ **Vaut le voyage** ★★ **Mérite un détour** ★ **Intéressant**

Hôtels et restaurants

9 ch.	Nombre de chambres
bc	Menu boisson comprise
CC	Paiement par cartes de crédit
	Cartes de crédit non acceptées
	Air conditionné dans les chambres
	Restaurant dans l'hôtel
	Établissement servant de l'alcool
	Piscine

Symboles dans le texte

	Pour approfondir
	Facilité d'accès pour les handicapés
	Astuce, conseil
	Adresse coup de cœur
A2 B	Repère sur le plan

Cartes et Plans

MONUMENTS ET SITES

	Église
	Temple
	Synagogue
	Mosquée
	Calvaire - Fontaine
	Rempart - Tour - Porte
	Vue
	Table d'orientation
	Fort - Grotte

INFORMATIONS PRATIQUES

	Informations touristiques
P	Parking - Parking relais
M	Tramway - Métro
	Gare : ferroviaire, routière
	Téléphérique, télécabine
	Funiculaire, voie à crémaillère
	Chemin de fer touristique
	Poste - Marché couvert
	Transport de voitures et passagers
	Transport de passagers

AXES ROUTIERS, VOIRIES

	Autoroute ou assimilée
	Rue piétonne
	Rue impraticable, réglementée
	Escalier
	Sentier
B F	Bac passant voitures et passagers
	Pont mobile

SPORTS ET LOISIRS

	Piscine : de plein air, couverte
	Stade
	Hippodrome
	Port de plaisance

ABRÉVIATIONS ET SIGNES PARTICULIERS

H	Hôtel de ville
J	Palais de justice
M	Musée
P	Préfecture, sous-préfecture
POL.	Police
T	Théâtre